KB175125

대학생 사장님

돈 없이 창업해서 졸업 전에
1천만 원 통장 만들기

대학생 사장님

초판발행 2019년 2월 1일
초판 2쇄 2020년 2월 10일

지은이 이동혁
펴낸이 채종준
기 획 이강임
편 집 신수빈
디자인 서혜선
마케팅 문선영

펴낸곳 한국학술정보(주)
주소 경기도 파주시 회동길 230 (문발동)
전화 031 908 3181(대표)
팩스 031 908 3189
홈페이지 http://ebook.kstudy.com
E-mail 출판사업부 publish@kstudy.com
등록 제일산-115호(2000. 6. 19)

ISBN 978-89-268-8671-7 13330

돈 없이 창업해서 졸업 전에 1천만 원 통장 만들기

대학생 사장님

이동혁 지음

목
차

PART 1

평범한 대학생, 인생이 바뀌다

대학생 때 창업하면 왜 좋을까?

대학생 누구나 지금 즉시 사장님이 될 수 있다

PART 4

주독야경, 실패해도 망하지 않는 대학생 창업

College Student
CEO

PART 5

대학생 사장님의 창업 성공 한걸음

우리나라 대학생은 두 부류로 나뉜다. 창업해본 대학생과 창업해보지 않은 대학생. 사람들은 '창업은 어렸을 때부터 실패하면 열에 아홉은 망한다'는 말을 주변에서 듣고 자라 어려운 일이라고 생각한다. 최근 뉴스에서도 최저임금 상승으로 많은 자영업자들이 어려움에 처했고 폐업률이 90%에 가까워졌다고 발표했다. 창업은 자연스럽게 많은 돈이 필요하며 쉽게 망한다고 생각하여 학교나 정부에서 지원해준다고 해도 많은 사람들이 외면한다. 나도 그랬다. 하지만 그것이 과연 사실일까?

뉴스와 신문에서 4차 산업혁명 시대가 다가오고 있고 기계와 인공지능이 인간의 일을 대체한다는 소식을 쉽게 접할 수 있다. 설상

가상 청년실업률은 역대 최고치를 기록하며 취업의 문턱은 높아지고 경기 불황은 심해지고 있다. 안타까운 것은 빚을 내 몇 년간 고생해서 원하던 곳에 어렵게 취업했지만 적성에 맞지 않거나 임금, 복지, 직원 관계, 구조조정 등 다양한 문제로 퇴사를 생각하는 직장인들이 많다는 점이다. 과연 다른 대학생들처럼 '취업만 준비하는 것이 정답일까?' 한 번이라도 고민했다면 이 책이 큰 도움이 될 것이다.

나도 평범한 대학생처럼 식비, 월세, 학비, 교통비 등 생활비를 위해 PC방, 공장, 편의점, 식당, 인력사무소를 통한 막노동 등 아르바이트를 하는 학생이었다. 밥 한 끼 비용을 아끼자고 컵라면과 김밥 한 줄도 부담스러워 하는 힘든 삶을 살았다. 그러던 어느 날 '살기 위해 일하며 시간을 낭비하는 것보다 돈도 벌면서 나에게 도움이 되는 일을 하며 공부할 수 없을까?' 고민했고 대학생 때 위험은 적지만 돈 없이 할 수 있는 창업에 관심을 갖게 되었다.

친구들과 선후배들은 현재도 대다수가 대학생으로 취업준비, 공무원 준비, 아르바이트를 병행하며 공부한다. 처음 창업을 시작한 2016년 당시 주변 사람들은 제대 후 바로 복학하여 창업하는 나를 좋게 보지 않았다. '네가 뭔데 창업해?', '남들처럼 금방 포기하겠지'라고 보는 시선이 많았었다. 오랜만에 만난 친구들도 '너 학창시절에 외국어 8등급이었는데 어떻게 해외직구 사업을 해? 용돈 벌이는 돼?'라는 시선으로 보았다. 물론 창업 4년 차인 현재도 외국어를 잘하지는 않지만 미국, 영국, 프랑스, 독일, 일본을 통해 해외직구 플랫폼 '돌직구'를 운영하는데 전혀 문제없이 수천 명의 회원을 이끌게 되었다. 자신감이 생긴 나는 2018년 한정판 정품 쇼핑몰인 '슈타쿠'를 운영하는 대학생 사장님이 되었다.

남들처럼 다른 사람들의 눈치를 보고 창업하지 않았더라면 지금도 돈에 쫓겨 가며 학점관리, 자격증 공부, 어학 점수 등 남들에게 보이기 위한 특별함 없는 스펙 아닌 스펙을 준비하는 평범한 26살의 취업준비생이었을 것이다. 어느덧 창업을 시작한 지 4년 차 대학생 사장님이 되었다. 학교에서는 평범한 학생이지만 밖에서는 많은 고객들에게 인정받으며 꾸준히 성장하고 있는 회사의 대표다. 대학생활 3년 동안 해외직구 플랫폼 '돌직구'를 운영하며 많은 사람들이 쉽게 해외직구를 할 수 있게 도와주었다. 일본 아마존, 라쿠텐 셀러로도 활동했었고 창업팀을 통해 애플리케이션도 7개나 개발하였다. 작년에는 한정판 정품 쇼핑몰 '슈타쿠'까지 시작하였고, 지금은 책을 출간하게 되었다. 이렇게 창업을 시작하면 인생이 바뀔 수 있다. 대학생 때는 무에서 유를 만들 수 있는 가장 좋은 기회라고 생각한다. 영어를 못해도 해외직구 사업을, 코딩을 못해도 앱 개발을 할 수 있다.

많은 학생들이 '창업은 어렵다', '돈이 많이 든다', '망하면 재기하기가 힘들다'고 생각한다. 나 또한 그랬다. 그런데 지금은 국가에서 취업난을 해결하기 위해 청년들에게 창업을 장려하고 예비창업자와 초기 창업자를 대상으로 많은 지원사업을 하고 있다. 또한 학교에서도 다양한 지원을 하고 있으니 창업을 꿈꾸는 평범한 대학생이라면 이 기회를 놓치지 말자. 대학생 창업은 돈이 없어도 할 수 있는 것이 많고 실패해도 인생이 망하지 않는다. 오히려 남들과는 다른 특별한 경험이 스펙이 되어 원하는 곳에 취업할 수 있으니 자신감을 가지길 바란다.

최근에는 디지털 노마드(노트북과 인터넷으로 전 세계에서 일하는 사람들), 코피스족(카페에서 일하는 사람들), 자신의 재능을 살려서 이익을 얻는 프리랜서들이 많이 생기고 있다. 이들은 남들처럼 정해진 장소에

의무적으로 출근하는 것이 아닌 자신이 잘하고 좋아하는 일을 하면서 시간적, 공간적으로 자유를 누리고 있다. 초기자본과 고정비용으로 큰돈이 필요할 수도, 적은 돈이 필요할 수도 있지만 대체로 돈이 많이 필요하지 않다. 이 책에서는 큰돈이 필요하거나, 평범한 장사에 대한 내용은 다루지 않았으며 누구나 창업을 시작할 수 있게 도움이 되는 내용을 다루었다.

최근 젊은 세대는 욜로(you only live once, 자신의 행복을 가장 중시하고 소비하는 태도), 워라밸(일과 삶의 균형), 소확행(일상에서 느낄 수 있는 작지만 확실하게 실현 가능한 행복) 등으로 자신만의 시간을 가지길 원하며 스스로 보상을 해주고 싶어 한다. 매년 연휴, 휴가철마다 해외여행객은 꾸준히 증가하고 여행하면서 일하는 삶을 누구나 꿈꾼다. 이 책의 독자 중에서도 자신의 장점을 살려 꿈을 현실화하는 사람들이 생겼으면 좋겠다.

이 책은 아직 꿈이 없는 학생들, 취업준비생, 공시생, 창업에 조금이라도 관심 있는 학생들을 포함한 모든 대학생에게 창업에 대한 벽을 허물고 자신감을 주어 동기부여를 하는 데 목적을 두었으며, 나아가 소자본 창업에서 성공하려면 어떤 자세를 취해야 하는지를 제시하고 다른 사람들과 공유하기 위해 책을 쓰게 되었다.

성공한 CEO들이 쓴 책처럼 '크게 사업하기', '부자되는 법' 등과 같이 평범한 대학생이 도전하기에는 어려운 내용을 다루지 않았다. 모든 대학생이 취업과 창업을 졸업 전까지 같이 준비하면서 졸업할 때 자신의 길을 선택하여 더 밝은 미래를 준비할 수 있게 도와줄 것이다. 이 책을 통해 한 가지 문장이라도 가슴속에 남겨 날개를 달 수 있기를 기대해본다.

PART

평범한 대학생,
인생이 바뀌다

통계청이 발표한 '2018 청소년 통계'에 따르면 고교 졸업생들의 대학진학률은 2009년 이래 최저치를 기록한 68.9%로 진학률이 꾸준히 감소했다. 그 이유로는 대학졸업자의 공급과잉으로 '대졸 프리미엄'이 하락하고 있기 때문이다.

대학교에서 높은 학점과 어학 점수, 각종 대외활동, 공모전 수상 경력, 봉사활동이 좋아 회사에 취직이 된다 해도 실제 업무수행능력은 좋지 않은 경우가 많다. 그런데도 많은 대학교에서는 졸업요건으로, 회사에서는 취업할 때 승진조건으로 TOEIC 점수를 요구한다. 실제로 내 주변에는 토익점수가 높아도 외국인들과 대화가 거의 불가능한 친구들이 있고, 토익점수가 없어도 외국인 수준으로 회화를 잘하는 친구들도 있어서 토익의 필요성을 크게 못 느끼고 있다.

이렇게 누군가가 정한 기준은 많은 사람들의 잠재력을 발휘하는 데 방해가 되고 자신감을 하락시킨다. 하지만 나는 정규 토익 점수가 없었고, 외국어 능력에 자신감이 없었지만 해외직구 창업을 시작하게 되었다.

나는 고등학교 3학년 당시 외국어 모의고사 성적은 8등급이었다. 수능에서도 다른 학생들이 높은 성적을 받기 위한 샌드백 역할이 될 것 같아서 외국어 시험을 포기하였고, 결국 빈 교실에서 대기했었다. 이후 대학교에 가서 처음 치른 모의 토익에서는 신발사이즈 정도의 점수가 나왔다.

하지만 이런 나도 현재는 미국, 영국, 독일, 프랑스, 일본 등 해외직구 플랫폼을 운영하여 좋은 성과를 냈다. 많은 사람들이 전문가로 인정해주며 인생이 바뀌게 되었고 현재 카카오톡 플러스친구, 블로그, 페이스북, 인스타그램 등 SNS를 운영하며 꾸준히 성장하고 있다. 그렇다면 외국어 8등급이 어떻게 해외직구 플랫폼을 운영할 수 있었을까?

내가 외국어 능력이 부족해도 과감하게 창업을 시작한 이유는 단순했다. 해외직구를 할 때 외국어는 생각보다 중요하지 않기 때문이다. 구글 크롬을 이용하면 전체 페이지가 번역되고, 직구 시 사용하는 단어는 거의 비슷하기에 한 번만 해보면 다음은 쉽게 이용할 수 있다. 만약 문제가 발생해도 이메일을 보내거나 통화가 필요한 경우 간단한 영어 대화로 문제를 해결할 수 있어 두려워할 필요가 없다. 주 고객분들의 직업으로는 의사, 교사, 은행원, 연구원, 대기업 직원, 대학생, 구매대행사업자 등 다양하다. 나보다 어학 능력이 훨씬 뛰어나고, 똑똑하지만 해외직구를 어려워하시는 분들이 생각보다 많다. 하지만 나는 어학 능력이 부족할지라도 다른 사람들이 불가능하다고 생각한 창업에 뛰어들었다.

나는 창업을 시작하기에 앞서 글로벌셀러가 되기 위해 유료강의를 들었다. 수업을 듣는 수강생 중에서 나이도 가장 어리고 지식과 경험이 부족해 항상 뒤처지기 일쑤라 자신감이 많이 떨어졌었다. 고객에게 주문이 들어와도 기쁘기보다는 부담스럽고 무서웠다. '실수하면 어쩌지?', '다른 곳이 더 저렴해서 주문이 취소되면 어떡하지?' 등의 불안한 생각이 먼저 들었기 때문이다. 제대로 시작하기도

전에 겁부터 났다. 이때 문득 군 복무 시절 행정보급관님이 해주시던 말이 떠올랐다.

'쓸데없는 걱정으로 시도하지 않으면 아무것도 할 수 없다'는 것이다. 예를 들어 '횡단보도를 건너다가 교통사고 나면 어떡하지? 안 건너야지' 등이다. 주위를 살펴 신호를 잘 보고 건너면 되는 일인데 말이다. 이렇게 걱정만 하다가 시도하지 않으면 아무것도 할 수 없다. 덕분에 나는 완벽하지 않지만 자신감을 갖고 창업을 시작하게 되었다.

나는 23살에 창업을 시작해서 고객 대부분이 나보다 나이가 많았다. 의기소침해질 수 있었으나 그분들은 나를 전문가라고 생각하고 일을 맡기기에 오히려 책임감을 느껴 당당하게 행동했다. 내가 모르는 부분이 있다면 찾아봤고, 실수한 부분이 있다면 깔끔하게 인정했다. 이렇게 지내다 보니 사람들이 좋아하는 브랜드와 상품들을 저절로 알게 되었다. 구매가 까다로운 해외 사이트들도 구매가 가능한 방법을 찾고 SNS를 통해 고객들에게 방법을 공유해주며 대표로 인정받게 되었다.

이후 나는 일본어를 할 줄 모르지만 아마존jp, 라쿠텐에 입점하여 셀러 활동을 하게 되었다. 미국 쇼핑몰에 있는 시계, 신발, 의류, 이어폰, 침대 등을 일본 고객들에게 판매했다. 그렇게 시간이 흐르면서 해외직구에 다양한 경험이 차곡차곡 쌓였고, 최근에는 많은 예비창업자 분들에게도 연락을 받았다. 평범한 대학생이지만 많은 고객들을 보유한 해외직구 전문가로 인정받은 것이다.

'발목 묶인 코끼리' 이야기를 들어본 적 있는가? 동남아에서는 어린 코끼리들의 발목을 밧줄로 묶어 도망가지 못하게 한다. 코끼리들은 다른 곳으로 가기 위해 안간힘을 내서 밧줄을 끊으려 시도하지만 실패를 반복하고 결국 포기한다. 이후 몸집이 커진 코끼리의 발목에 있는 밧줄을 제거하여도 도망가지 않는다고 한다. 당연히 실패할 거라고 생각하고 시도조차 하지 않기 때문이다.

이렇게 '발목 묶인 코끼리'는 현재 대학생들의 모습과 비슷하다. 아무 생각 없이 부모님이 대학교에 가라고 해서 다니는 경우도 있고, 친구들이 대학에 다 진학하니까 따라가는 경우도 있다. 일반 학생들이 목숨 거는 토익점수, 학점관리에 매달려 발목 묶인 코끼리처럼 넓은 세상으로 나가려고 하지 않고, 독립하는 것을 두려워한다. 내 주변에서도 다른 학생들처럼 무작정 취업준비는 하고 있지만, 어디를 가야 할지 방향을 잡지 못하는 경우가 많다.

자신의 한계를 정한다는 것은 매우 무서운 행동이다. 내가 어학점수를 걱정하며 해외직구 창업을 시작하지 않았다면 지금은 경쟁력 없는 그저 그런 평범한 사람으로 남았을 것이다. 여러분은 어떠한가? 매번 자신의 한계를 정하고 있지 않은가?

지금부터라도 발목 묶인 코끼리에서 벗어나라. 그럼 인생이 바뀔 것이다.

애플 창업자인 스티브 잡스는 "이 나라 모든 사람은 코딩을 배워야 합니다. 코딩은 생각하는 방법을 가르쳐 줍니다"라고 말했다. 마이크로소프트 창업자인 빌 게이츠도 코딩의 중요성을 강조했다. 코딩은 C언어, 자바, 파이썬 등 컴퓨터 언어로 프로그램을 만드는 것으로 4차 산업혁명을 대비한 많은 국가에서는 정규과목으로 도입하고 있다.

우리나라 역시 2018년도부터 청소년들이 코딩을 배울 수 있게 코딩 교과목이 도입되면서 좋은 환경이 조성되고 있다. 하지만 나는 다른 학생들처럼 코딩을 배운 적이 단 한 번도 없다. 언젠가는 내가 만든 애플리케이션이 하나쯤은 있었으면 좋겠다고 생각했다.

결국 창업팀을 통해 코딩을 배우지는 않았지만 여러 애플리케이션을 개발하며 경력이 쌓이게 되었고, 이 경험을 많은 사람들에게 공유하고자 한다.

앞서 대학생은 잠재력이 많고 창업하기에 좋은 환경에 있다고 이야기했다. 과연 코딩을 배우지 않은 대학생이 앱 개발을 할 수 있을까? 물론 혼자서는 어려울 수 있다. 요즘에는 초보자들도 누구나 손쉽게 앱을 만들 수 있는 플랫폼도 있어 코딩을 못해도 짧게는 몇 시간이면 간단한 앱을 개발할 수 있지만 이건 대학생 혼자서 할 수 있는 여건이 되지 못한다. 앱을 만들어도 많은 사람들이 사용하기에는 다소 부족할 수 있다.

내가 말하고 싶은 것은 대학생의 장점을 최대한 활용하여 자신이 코딩을 못하더라도, 창업동아리를 통해 학교 안에 있는 개발자를 찾아 원하는 앱을 만들어보라는 것이다. 보통 개발자들은 창업에 관심이 있어도 주로 혼자 공부하고 작업하는 경우가 많지만, 그저 생각만 할 뿐 창업에 도전하기까지는 어려워한다. 이때 개발자들은 개발에 집중할 수 있게 하고 다른 학생들이 창업 공모전 준비와 기획, 디자인, 마케팅, 아이디어 제공 등에 집중해서 공모전에서 좋은 결과를 얻어 스펙과 수상금을 분배해준다면 개발자들도 미래를 보고 제안을 충분히 받아들일 수 있다.

대학생 때는 팀원 구하기가 훨씬 수월하다. 그렇게 된다면 서로가 잘할 수 있는 능력에 집중하기 때문에 좋은 결과로 나타난다. 코딩을 할 줄 몰라도 일반 학생들도 앱 개발에 도전하면서 불가능을 가능으로 만들어준다.

나는 군 제대 후 2016년 대학교 2학년에 복학하자마자 해외직구 플랫폼인 '돌직구'를 창업했다. 하지만 창업 초보인 나는 창업 관련 지식이 부족했고, 자신감도 없었다. 그래서 학교에서 운영하는 창업 관련 행사, 공모전 등은 외면할 수밖에 없었다. 하지만 창업에 대해 아무것도 모르던 친구가 먼저 창업행사에 참여하였고 성과를 내면서 누구나 할 수 있다는 자신감이 생겼다. 오히려 학교에서 운영하는 창업행사들은 대부분 예비창업자로 창업동아리, 취업을 위한 스펙, 단순관심 등의 이유로 초보자도 쉽게 참여할 수 있도록 환경을 조성한다는 사실을 알게 되었다.

2학기부터 본격적인 창업동아리 'S-dot'에서 애플리케이션 개발을 위한 활동을 시작하였다. 당시 나는 학점관리와 창업을 동시에 하고 있어서 추가로 창업동아리를 하는 것은 다소 무리였다. 하지만 앱 개발을 할 수 있는 기회가 찾아왔으니 절대 놓칠 수 없었고, 좋은 아이디어와 열정을 가진 창업 팀원들을 보며 힘을 내 시작하게 되었다.

우리 창업동아리 'S-dot'이 만들어지고 '대방(대학가 방 구하기)' 앱 개발을 시작으로 다양한 앱 개발에 도전했다. 2년이 지난 현재는 팀원 4명이 공동창업자로 7개의 애플리케이션을 개발하며 성장했고 2018년 10월을 마지막으로 창업팀 활동을 끝내게 되었다. 이렇게 코딩에 대해 아무것도 모르는 나도 앱 개발 창업팀에서 활동하면서, 내가 원하는 앱을 개발할 수 있었다.

대학교를 졸업하면 대부분의 스타트업에서는 개발자를 구하는데 많은 노력을 해야 하고, 임금도 잘 챙겨주어야 한다. 하지만 대학생 창업팀으로 서로의 지분과 수익배분 등을 잘 협상하고 시작한다면 0원으로도 충분히 앱 개발을 시작할 수 있다.

창업동아리 'S-dot'에서 개발한 애플리케이션

앱 개발을 무료로 외주할 수 있을까? 정답은 O이다. 학생들의 능력만으로는 대중들이 좋아할 만한 앱을 개발하기는 쉽지 않다. 대부분의 앱 개발을 할 수 있는 대학생들은 iOS가 아닌 안드로이드 개발에 대해 공부하며 안드로이드 버전만 개발하고 있기 때문에 성장하기에 제한적인 부분이 있다. 하지만 국내에는 안드로이드뿐만 아니라, iOS 시장도 매우 커서 포기하면 안 된다. 그렇다면 대학생들은 어떤 선택을 해야 할까?

앞서 대학생들은 창업 교육부터, 시설, 멘토링, 회계, 재무, 마케팅, 사업화 지원 등을 받을 수 있는 환경이 잘 조성되어 있다고 했다. 우리 팀은 안드로이드 앱들을 출시했으나, 많은 사람들이 iOS 버전을 요구했다. 하지만 우리는 iOS 개발자가 없었다. 외주를 맡기려고 해도 높은 비용으로 시제품을 만들 수가 없어 여러 대학교와 커뮤니티를 통해 iOS 개발자를 구하러 열심히 달렸지만, iOS 개발자를 찾기가 힘들었다. 찾아도 높은 인건비를 요구하여 감당하기 어려웠다.

결국 우리는 정부 지원사업을 활용하기로 했다. 사업계획서, PPT, 발표 등을 준비했다. 큰 지원사업은 선정되지 못했으나, 우리가 원하는 앱의 시제품 개발 외주를 맡길 만한 지원사업에 선정되어 iOS 앱을 개발한 창업팀이 되었다. 일부 사람들은 내가 직접 코딩해서 개발한 것이 아니라 공감하기 어렵겠지만, 결국엔 내가 원하는 애플리케이션을 소유하게 되었다. 그리고 이러한 앱들은 크지는 않지만 매일 광고수익이 발생해서 만족스럽고 뿌듯함을 느낄 수 있었다.

우리 창업팀 'S-dot'은 마지막 아이템으로 포화된 유튜브 크리에이터 시장에서 경쟁력을 살리기 위해 유튜버들의 개인 애플리케이션을 개발했다. 안드로이드, iOS 버전 개발이 모두 가능했다. 쉽게 말해 유튜브 영상 모음+커뮤니티로 팬들과 소통을 중요시하고, 팬카페가 있는 유명 유튜버들에게는 개인의 앱을 하나로 통합해주는 역할을 하는 것이다.

우리는 일정 구독자 이상의 유튜버에게 무료로 앱을 개발해주고 광고수익과 더불어 부가적인 수익을 얻으려 했다. 평범한 대학생 창업팀이었던 우리는 이렇게 무료로 MCN, 유튜브 크리에이터에게 앱을 제작해주고 애플리케이션 3개를 추가로 개발하며 작은 성공을 이루었다.

4차 산업혁명 시대를 앞두고 코딩을 배우는 것은 최고의 선택이며 필수가 되고 있다. 하지만 당신이 코딩을 공부해서 앱 개발을 직접 해야 한다면 시간과 비용이 많이 소요되며, 앱 출시 일정이 늦춰져서 타이밍을 놓칠 수 있다. 하지만 대학생들은 앱 개발 플랫폼과 창업동아리, 정부지원사업 등으로 자신이 원하는 앱을 개발할 기회가 있으니 할 수 있는 모든 것을 활용하여 최고의 결과를 만들어내기를 바란다.

대학생
사장님

나는 창업 2년 차가 되었을 때 최악의 위기를 맞았다. 그동안 수천 개의 상품을 등록했던 아마존jp, 라쿠텐 공동계정이 영구 정지되어 한순간에 모든 노력이 물거품이 된 것이다. 이후 나의 한 달 수익은 10만 원도 되지 않았다. 모든 것이 허무했다. 앞으로 개인계정으로 셀러 활동을 새롭게 시작하거나 다른 새로운 창업을 시작할지, 아니면 해외직구 플랫폼 '돌직구'를 계속 키울지, 폐업해야 할지 고민했다.

계속된 고민으로 조언을 듣기 위해 선배 셀러에게 무작정 연락하여 도움도 요청했지만, 첫 통화에서 얼굴도 모르는 나에게 선배 셀러가 해준 조언은 "24살이면 아르바이트나 하세요"였다. 그렇게 대학교 3학년 2학기를 앞둔 8월이 되었고, 개강이 다가올수록 불안감은 더욱 커져 갔다.

당시 학교 앞에서 자취했던 나는 교통비, 통신비, 식비 등 모두 혼자 해결해야 했다. 그때 통장에 45만 원이 전부였고, 이 금액으로 한 달을 버틸 수 있을지 걱정되었다. 만약 폐업하게 된다면 그동안 나의 노력이 스펙으로만 남게 될까 봐 두려웠다. 진지하게 폐업신고를 하고 아르바이트를 시작할까 생각도 했지만, 그런 식으로 해결하고 학교로 돌아가 다른 사람들을 볼 자신이 없었다.

마지막 도전이라는 각오로 '돌직구'를 이 악물고 열심히 키워나가기로 다짐했다.

지금까지 창업하면서 이뤘던 것들은 모두 잊기로 했다. 내가 노력했던 시간 대비 현재 결과가 초라할지라도 다시 시작하면 되돌릴 수 있다고 생각했다. 유명 해외직구 사이트, 카페를 구경하면서 다른 업체들의 장점들을 흡수하려고 노력했을 뿐만 아니라 지금까지 나의 단골 고객들이 돌직구를 좋아하는 이유를 분석하기 시작했다.

그러다 단골 고객들은 주로 해외에서 구매하기 힘든 사이트는 '돌직구'를 이용한다는 것을 알게 되었다. 우리 배송대행지는 아직 규모가 작아 많은 해외쇼핑몰에서 배송대행지로 인식하지 않고 가정집으로 인식하기 때문이었다. 그래서 개인 블로그에 해외직구가 어려운 쇼핑몰에서 직접 구매하는 방법 등을 포스팅했고, 고객은 한 명씩 빠르게 늘어났다. 이후 SNS 채널을 확장하고 여러 가지 마케팅을 실행하는 등 여러 시행착오를 겪으며 지금처럼 성장할 수 있었다.

사업에서 다른 사람들에게 보이는 모습으로 겉으로는 겸손한 척 했지만, 마음 깊은 곳에는 사실 성공한 CEO가 되고 싶다는 목표가 뚜렷했다. 하지만 목표가 너무 컸는지 구체적인 계획을 세우기가 어려웠고, 열심히는 했지만 실용적이지 않았다는 사실을 깨달았다.

그래서 생각한 새로운 전략으로 1% 전략을 사용하기로 했다. 여기서 말하는 1% 전략은 흔히들 얘기하는 상위 1%가 사용하는 전략이 아니라, '대기업의 1% 규모라도 되어보자'는 전략이었다. 1%라는 숫자가 작게 느껴지겠지만 실제 1인 기업이 대기업의 1% 규모가 된다는 것은 매우 어려운 일이다. 만약 1%를 달성한다면 많은 것을 누릴 수 있을 것이다.

보통 대기업 배송대행지들은 건강식품, 신발, 의류, 전자제품, 화장품, 생활용품, 완구, 인형류 등 전체 카테고리별로 대규모 마케팅을 하고 있다. 하지만 나는 내가 좋아하고 잘 아는 분야를 집중적으로 공략하기로 했다. 그렇게 시작한 것이 '슈프림 배대지'였다. 슈프림(Supreme)은 전 세계적으로 많은 셀럽들이 좋아하고, 20·30세대를 중심으로 많은 마니아층이 생겼다. 정품을 구매하기 위해서는 오프라인 매장이 있는 미국, 영국, 일본, 프랑스에 가서 긴 줄을 서서 구매하거나 미국, 영국, 일본에서 온라인 해외직구로 구매해야 한다.

나는 온라인 시장을 공략하기로 했다. 온라인 구매조건 또한 매우 까다로운데 그중 다른 사람들과 겹치지 않는 주소가 필요하다. 그래서 사람들은 배대지(배송대행지)의 주소를 변형하여 구매해야 하는데, 무리하게 할 경우 오배송이 될 가능성도 있고, 다른 사람들과 주소가 겹쳐서 주문이 실패할 가능성이 높다. 더욱이 초보자들은 주소를 변형하기가 어려워서 포기하는 경우가 많았다. 나는 많은 사람들이 쉽게 한정판인 슈프림을 구매할 수 있게, 돌직구 '슈프림 배대지'라는 콘셉트로 고객들에게 개인 주소를 제공해주기 시작했다.

이렇게 시작한 아이디어는 많은 고객들에게 큰 호평을 받았고, 끊임없이 고객이 유입되어 폐업위기를 벗어날 수 있게 되었다.

관세청에 따르면 2018년 상반기 해외직구 규모는 전년 대비 35%나 증가했다고 한다. 사람들은 '호갱(호구 고객)'이 되는 것을 싫어해서 인터넷을 활용하여 좋은 상품을 저렴하고, 쉽게 구매하는 방법을 찾고 있는 것이다. 나도 사람들을 호갱에서 빠져나오게 하기 위해 블로그를 통해 해외직구 정보를 제공해주며 고객을 확보하고 있다.

고객 대부분은 좋은 상품을 오프라인에서 사는 가격보다 훨씬 저렴하게 구매하여 높은 만족감을 보이고, 돌직구를 통해 돈을 아낄 수 있다고 생각한다. 또한 블로그, 홈페이지 공지, 카페, 카카오톡 전체메시지 등으로 고객들이 걱정할 만한 사항을 미리 안내해줄 뿐만 아니라 고객들이 비용을 절감하는 방법도 알려주고 있다.

예를 들어, 미국에서 배송하는 상품이 목록통관일 경우 $200 이하까지는 직접 사용하는 목적으로 해외직구를 할 경우 관부가세를 면제받을 수 있다. 하지만 직구를 시작한 지 얼마 안 된 고객들은 이를 모르고, 각각 배송하여 배송비를 여러 번 지불해야 한다. 하지만 나는 그것을 발견하면 고객들의 배송비를 아껴주기 위해 합배송을 권유하기도 하고, 다양한 정보제공을 해주고 있다. 덕분에 다른 사업과는 달리 소비자와 얼굴 붉히는 일이 거의 없고 고객들에게 감사하다는 인사를 자주 들으며 많은 단골을 확보할 수 있게 되었다.

불과 1년 전까지만 해도 폐업 직전의 위기를 맞았다. 포기를 앞 둔 순간이었지만, 마지막까지 희망을 품고 처음부터 다시 시작했 다. 그리고 지금은 4,000명이 넘는 고객이 유입되며 여러 사람들에 게 '사장님'으로 인정받게 되었다.

나는 아직 대기업의 1% 수준이 되지는 못했지만 1%에 도달하 기 위해 항상 열심히 노력하고 있다. 창업하면서 오랜 기간 힘든 시 기를 보냈기에 항상 겸손하게 행동하며, 고객들에게 고마움을 표시 하고 있다. 고객들이 없다면 지금의 나도 없기 때문이다. 아직 많이 부족하지만, 4,000명의 고객을 생각하며 더 좋은 서비스를 제공하 여 만족감을 높일 것이다.

현재 내 인생은 완전히 바뀌었다. 돌직구를 운영하며, 새로운 쇼 핑몰인 슈타쿠도 시작하게 되었고, 대학생 앞에서 강연도 했으며, 지금은 책을 쓰고 있다. 1년 전만 해도 생각지도 못한 일이 현재 나 에게 일어났다. 포기하지 않고 끝까지 했기에 가능했다고 생각한다.

돌직구 사이트 메인

슈타쿠 사이트 메인

요즘 10대들의 장래희망으로 유튜브 크리에이터가 떠오르고 있다고 한다. 그중에서 구독자가 306만 명(2019년 1월 기준)이 넘는 먹방 크리에이터인 '밴쯔'에 대한 이야기를 하려고 한다. 유명 유튜버로 알려지면서 많은 사랑을 받은 밴쯔는 TV 프로그램 〈랜선라이프〉에 출연했다. 이 방송을 시청한 나는 깊은 인상을 받았다. 그 장면은 바로 밴쯔가 고등학교에 가서 직접 강연하는 모습이었다. 등장하자마자 많은 학생들이 열광했고 밴쯔의 말 한 마디 한 마디에 집중하며 경청하였다.

밴쯔의 진솔한 강연으로 학생들이 열정을 얻고, 동기부여 되는 모습이 인상적이어서 나도 멋진 강사가 되고 싶었다. 밴쯔는 평소에도 많은 곳에서 강연하고 다닌다고 알렸다. 자신의 본래 업무인 먹는 방송과 운동을 소홀히 하지 않고 항상 겸손하며 열심히 사는 모습으로 나에게 좋은 인상과 동기부여를 심어 주었다.

강연이 쉬워 보여도 막상 해보면 매우 어렵다. 보이는 것이 다가 아닌, 보이지 않는 곳에서 자료수집, PPT 제작, 연습 등을 해야 좋은 강연을 할 수 있기 때문이다. 나 역시 경영학을 전공해서 수업시간에 발표를 많이 해왔지만, 그 짧은 시간의 발표도 항상 긴장되었다. 대중 앞에서 1시간 동안 강연하는 것은 꿈처럼 여겨졌다. 하지만 밴쯔를 보며 나도 새로운 도전을 본격적으로 시작하려고 한다. 바로 '대학생 창업 강사'가 되는 것이다. 전국을 돌아다니며 많은 학생들에게 창업 멘토가 되어 현실적인 조언은 물론 자신감과 동기부여를 주고 싶다.

멋진 강사가 되기 위해서는 어떻게 해야 할까? 누구나 공감하고 인정할 만한 강사가 되기 위해서는 성공사례, 경험, 인지도 그리고 발표능력, 사교성, 보디랭귀지 등이 필요하다. 하지만 나는 대학생 사장님으로, TV에 나오는 사람들처럼 대단한 업적이 있는 것도 아니고 강연을 잘하는 것도 아니다. 그렇다고 포기할 수는 없지 않은가? 처음부터 완벽하게 잘하는 사람은 없다. 강사가 되기 위해서는 첫 번째, 내 안에서 나만의 무기를 찾아야 한다고 생각했다. 다른 학생들과 다른 나만의 무기는 대학생 창업경험, 그것도 다양한 경험이다. 하나의 분야가 아닌 다양한 분야를 시도하여 여러 결과를 얻어냈다. 덕분에 강사로 활동하고, 책을 쓰는 저자가 되었다.

2018년 4학년 1학기 재학 중 우리 학교에서 유일하게 나의 창업 멘토가 되어주신 이양희 교수님으로부터 창업특강 제안을 받았다. '대학생 창업실습' 수업에서 대학생 창업 성공사례 발표를 하는 것이었다. 처음으로 강연할 수 있는 기회여서 너무 설레었다. 학생들 앞에서 수업시간에 발표하는 것도 긴장하던 나였는데, 강사가 되서 나의 창업 이야기를 많은 학생들 앞에서 한다는 것은 생각보다 긴장되지 않았다. 억지로 하는 것이 아닌, 학생들에게 진솔한 이야기를 해줄 생각에 벌써 기대가 되었기 때문이다. 발표준비를 할 시간이 많지 않았지만 늦은 밤부터 새벽까지 발표 흐름, PPT 제작, 대본까지 비교적 짧은 시간에 완성하여 연습할 수 있었다. 나로 인해 단 한 명이라도 강연에 만족하고 연락을 해준다면 성공이라고 생각했다.

나는 다른 창업 강사들과 콘셉트를 다르게 잡았다. 전문가들처럼 이론적인 부분을 이야기하면 경쟁력이 떨어질 수밖에 없고 학생들이 지루해한다는 사실을 학생인 입장으로 잘 알고 있기 때문이다. 그렇기에 대학생 때 창업을 시작해서 현재도 대학생 사장님으로 활동한다는 것이 최고의 무기라고 생각했다. 대학생이 글로벌셀러로 활동하며 일본에 여러 상품을 판매해보고, 국내 고객들을 상대로 해외직구 플랫폼과 구매대행 쇼핑몰까지 운영하고 있다. 또한 창업 팀으로 활동하면서 앱 개발을 했기 때문에 이러한 경험을 최대한 살리는 것이 학생들로부터 공감을 얻을 수 있다고 생각했다.

그렇지만 좋은 강연 평가를 받기 위해 무작정 창업에 대한 장점만 이야기하지 않았다. 나는 창업을 시작하면서 많은 시련이 있었고, 새로운 도전의 어려움과 한계 등 내가 느낀 점들을 솔직하게 말했다. 그렇게 나의 첫 강연은 성공적으로 마무리할 수 있었다. 이후에도 수업을 들었던 학생들을 상담해주고, 사업계획서를 피드백하며 좋은 관계를 유지하고 있다. 최근에는 '성공창업 CEO 특강'에서 학생 창업자로 250명이 넘는 학생 앞에서 성공적인 특강을 할 수 있었다.

250명의 학생 앞에서 강연하는 모습

나는 다른 사람들과는 차별화된 창업 강사가 되고 싶다. 지금까지 창업캠프, 박람회, 공모전, 지원사업을 참가하면서 많은 심사위원과 멘토분들을 만났다. 그분들은 보통 학력이 매우 뛰어났고, 창업에 관해 이론적으로 거의 완벽했다. 하지만 그분들과 비교하면 나는 아직 배울 점이 많은 초보자에 불과하다. 그분들은 강사와 멘토 활동을 오래 하셨기 때문에 내가 그분들과 정면승부를 하면 100% 패배하기 때문이다. 그래서 나만의 '황금열쇠'를 찾아 경쟁을 피하기로 했다. 그건 바로 평범한 대학생 사장님을 넘어서 저자가 되는 것이다. 나만의 경험과 지식을 담은 책을 출간하게 된다면 석박사 학위보다 더 좋은 황금열쇠라고 생각한다.

대학교 2학년 복학할 때까지만 해도 나는 아무 스펙도 없는 평범한 대학생이었다. 오전 8시까지 편의점 아르바이트를 하고 오전 9시까지 시외버스터미널로 가서 졸면서 학교에 갔고, 토익점수는 신발사이즈 수준이었다. 그랬던 내가 창업해서 사장님이 되었고, 지금은 나의 책을 가지고, 대학생 앞에서 강연하는 사람이 되었다. 1년 전만 해도 짧은 시간에 내가 이렇게 성장할 거라고는 생각하지 못했다. 하지만 지금은 먼 꿈으로만 생각했던 것들이 현실이 되었고, 나의 인생이 멋지게 바뀌고 있다.

내가 느낀 점은 '세상에는 열심히 공부하고 일하는 사람은 많다'는 것이다. 하지만 모두 똑같은 목표를 위해 달리기 때문에 경쟁이 치열하고 차별성이 떨어질 수밖에 없다. 나는 다른 대학생들이 자신만의 무기를 가졌으면 좋겠다. 그것이 꼭 창업이 아니어도 된다. 하지만 대학생 창업은 누구나 부담 없이 시작할 수 있고 삶의 많은 부분을 변화시킬 수 있는 데에서는 좋은 선택 중에 하나라는 것을 알려주고 싶다.

최근 '디지털 노마드'라는 신조어가 생겼는데, 많은 사람들로부터 열광을 받고 있다. 일반 직장인들의 상식을 완전히 뒤집었기 때문이다. 디지털 노마드는 시간과 장소에 구애받지 않고 디지털 장비만 휴대하여 유목민처럼 자유롭게 이동하는 사람들이다. 전 세계를 여행하면서 내 일을 하는 것, 얼마나 꿈같은 일상인가? 최근에는 이와 관련된 책들이 나오고 있고, 인터넷 카페에는 디지털 노마드가 되고 싶은 사람들이 모이는 곳도 늘어나고 있다. 특히 디지털 노마드의 작업환경, 휴식, 물가 등을 고려했을 때 성지로 불리는 인도네시아의 발리, 태국의 치앙마이 등에서 한 달 살기 등을 하면서 지내는 사람들 역시 늘고 있다.

나 역시도 2019년 새해에는 일본 오키나와에 있었고, 1월 중순부터 '태국 치앙마이 한 달 살기'에 도전한다.

디지털 노마드의 직업은 매우 다양하다. 사업가부터 번역가, 프로그래머, 작가, 유튜브 크리에이터, 디자인 전문가 등 프리랜서들이 수도 없이 많다. 최근 회사에서는 원격근무를 시행하고 있어 디지털 노마드는 증가하고 있다. 이들은 높은 임대료에서 벗어나, 자신의 생산성을 극대화할 수 있는 장소와 시간을 선택하여 일한다. 노트북과 인터넷만 있으면 불필요한 출퇴근 시간도 줄일 수 있고 개인적인 시간도 늘어나 워라벨을 실천할 가능성도 커진다. 꿈만 같은 '디지털 노마드!' 한 번쯤은 되고 싶지 않은가?

나는 학교에 다니면서 창업했던 터라, 남들보다 할 일이 많아 바빴고 시간에 쫓겼다. 단 1분이라는 시간도 매우 소중했던 나에게는 최고의 사무실이 학교 안에 있었다. 그것은 바로 도서관이다. 우리 학교 도서관에는 수십 대의 컴퓨터가 있었다(다른 학교에도 대부분 컴퓨터가 있다). 보통 학생들은 도서관 컴퓨터로 인터넷 검색이나 과제 혹은 인터넷 강의를 수강하지만 나는 주로 일을 했다. 물론 한 자리를 선택하여 오랫동안 일하면서 다른 학생들에게 피해를 주지는 않았다. 세팅 시간은 약 3분이면 충분했기에 인터넷만 되면 어디든지 나의 사무실로 만들 수 있었다. 공강 시간에는 시간이 충분하지 않아 자취방으로 왕복하는 시간을 아끼기 위해 자투리 시간을 최대한 활용해서 도서관에서 자주 일했다. 덕분에 업무시간 안에 고객들의 상담도 비교적 빠르게 대응할 수 있었고, 학업과 창업에 별다른 문제가 생기지 않았다.

다른 대학생들에게도 디지털 노마드가 될 수 있는 도서관의 장점을 소개하려고 한다. 도서관에는 정수기와 화장실이 기본으로 설치되어 있다. 에어컨과 난방도 제한이 없어 여름에는 시원하고, 겨울에는 따뜻하다. 특히 무엇보다도 지식에 도움이 되는 책이 많은 곳이다. 심지어 본인이 다니는 학교는 학생증만 있으면 무료이지 않은가?

덕분에 나는 도서관에 거의 살다시피 했었다. 저녁에도 자취방에서 심심하거나 일이 잘 풀리지 않으면 머리도 식힐 겸 도서관에 가서 책을 읽으며, 새로운 아이디어를 구상하기도 했다. 주로 성공한 사람들의 책을 읽으면서 생각하는 시간을 가졌다. 이렇게 나는 대학생 창업을 하면서 휴식처이자 배움터가 되어주고 사무실로 활용한 도서관이 '대학생 디지털 노마드'가 될 수 있는 최고의 공간이라고 생각한다.

보통 사람들에게 "여행을 다니면서 일할 수 있을까?"라고 묻는 다면 대부분 어렵다고 생각한다. 나는 국내 이곳저곳을 여행하였고 해외에서도 디지털 노마드로 생활했다. 가끔은 일이 많아 제대로 여행하지 못한 적도 있지만, 그건 감수해야 할 부분이다. 내가 느낀 여행하면서 일하면 좋은 점은 평소에 자주 가던 장소가 아니므로, 좀 더 창의적인 생각을 할 수 있게 되고, 휴식할 때 조금 더 힐링이 된다는 점이다.

나는 디지털 노마드로 생활할 때는 될 수 있는 한 혼자 떠나려 고 한다. 그 이유는 혼자서 시간 관리를 더 편하게 할 수 있어 업무 시간 및 휴식시간을 남의 눈치를 보지 않고 정할 수 있기 때문이다. 즉, 앞으로의 방향성을 잡고 목표설정도 다시 할 수 있는 자신만의 시간이 생긴다. 사업의 성과가 저조하거나 힘들 때는 꼭 여행을 가 서 일하는 편이다. 누구에게 구애받지 않는 자유로운 곳에서 소중 한 시간을 적극적으로 활용할 수 있어 이런 생활이 나에게는 꼭 필 요한 존재가 되었다.

대학교 3학년, 학교생활과 일에 지친 나는 나 자신에게 선물하고 자 혼자서 해외여행에 도전했다. 그곳은 일본 '후쿠오카'였다. 보통 은 해외여행을 갈 때 미리 계획을 세우지만 나는 여행콘셉트를 '즉 흥'으로 잡았다. 아무런 조사를 하지 않고 그날 기분에 따라 이동하는 여행이었다. 쌓인 일을 틈틈이 해야 하는데 무작정 여행계획을 세웠다가는 일과 여행 둘 중 하나는 틀어질 것 같았다. 아무리 여행을 조금 더 즐기지 못하더라도 일에 집중해서 고객들이 평소와 비슷한 서비스를 받는 것처럼 느끼게 하고 싶었다.

그렇게 시작한 첫 번째 나 홀로 떠난 해외여행은 대성공이었다. 후쿠오카 타워, 온천, 이치란 라멘 본점, 텐진 등을 다니면서 평소 먹어보지 못했던 음식들을 마음껏 먹고 편히 쉬다 올 수 있었다. 혼자 해외여행을 갔기 때문에 생각할 수 있는 시간이 많아 지금까지의 내 모습을 되돌아볼 수 있었다. 앞으로의 계획을 정리하여 사업을 더 성장시킬 수 있는 계기가 되었고, 자신감을 심어주었다. 이후 국내에서는 서울에서 시작하여 인천, 안산, 성남, 가평, 충주, 대전, 대구, 부산, 여수, 담양 등 전국을 돌아다니며 일을 할 수 있는 디지털 노마드가 되었다.

하지만 디지털 노마드에 대해서 많이 오해하는 부분이 있어, 자세한 내용은 PART 5에서 다루도록 하겠다.

매슬로(A. H. Maslow)의 욕구이론에서 4단계는 '존경의 욕구'이다. 존경의 욕구는 생리적 욕구, 안전의 욕구, 사회적 욕구가 모두 충족되어야 한다. 하지만 평범한 대학생들은 1, 2단계 욕구조차 충족시키지 못하는 경우가 많다. 나 역시 창업을 시작하기 전에는 1단계, 2단계 욕구를 충족시키기도 힘들었다. 생활비를 위해 PC방, 편의점, 공장, 인력사무소 등에서 일하면서 학교에 다녀야 했기 때문이다. 특히 아르바이트 당시 나이가 어렸고, 누구나 할 수 있는 일이었던 터라 부당한 대우를 받을 수밖에 없었다. 업무시간에 화장실 가는 것도 눈치가 보였을 정도다.

인터넷에서도 고용주 또는 손님에게 욕설을 듣거나, 폭행을 당하는 경우 등 다른 대학생들의 아르바이트 피해사례를 쉽게 찾아볼 수 있다. 이처럼 젊은 학생들이 생계를 위해 열심히 일하고 있지만 사회에서는 내세울 힘이 없어 좋은 대우를 받지 못하는 경우가 상당하다.

당신도 그런 경험이 있지 않은가? 이제는 다른 사람들에게 존중과 존경을 받고 싶지 않은가? 그렇다면 창업하는 것을 하나의 방법으로 알려주고 싶다. 창업하게 되면 평범한 대학생인 당신도 여러 사람에게 사장님, 대표님, 선생님, 멘토 등의 다양한 호칭을 얻을 수 있다.

> **주경야독**(낮에는 학생, 저녁에는 사장님)
> : 주경야독, 낮에는 농사짓고, 밤에는 글을 읽는다는 뜻으로 어려운 여건 속에서도 꿋꿋이 공부함을 이르는 말

학교에서 나는 겉으로 보면 평범해 보이는 학생이지만 남들과 다른 특별한 무기가 하나 있다. 다른 학생들이 생활비를 벌기 위해 아르바이트할 때 나는 창업을 시작한 것이다. 학교에서는 학생이지만 집으로 돌아가면 사장님이 되는 이중생활을 이어갔다. 나를 잘 표현할 수 있는 단어를 꼽자면 '주경야독'으로, 정확하게는 '주독야경'이 어울렸다.

창업 초기 일본 아마존, 라쿠텐에 상품을 판매하는 글로벌셀러에

집중했었다. 하지만 학교에 간다는 핑계로 다른 셀러보다 뒤처지기 싫었고 오히려 앞서나가고 싶었다. 그래서 낮에는 학업에 집중하고 집에 돌아와서는 새벽까지 시장조사와 상품등록을 반복했다. 다른 친구들은 PC방을 가거나 술을 마시러 놀러 다닐 때마다 유혹을 받았지만, 끝까지 약속을 거절했다. 내가 이렇게 할 수 있었던 원동력은 절박함이라고 생각한다. 피곤하고 힘들었지만, 학교에 다니면서 돈을 벌기란 쉽지 않은 일이라는 건 처음부터 생각했고, 아르바이트를 하던 시절을 떠올리면 훨씬 재미있고 행복했다. 그렇게 2학년 때부터 열심히 노력했기에 성적과 창업 두 마리 토끼를 모두 잡았다고 생각한다.

나는 창업 초기 글로벌셀러로 활동하면서 미국에 있는 상품들을 일본에 판매했다. 일본 사람들이 좋아하는 취향, 인기 키워드 등을 분석해서 그들이 좋아하는 것을 시즌별로 찾기 위해 노력했다. 우리나라에서 해외직구 플랫폼인 '돌직구'도 성장시키기 위해 한국 사람들의 취향을 파악하며 내가 잘 아는 분야를 시작해야 했다. 그렇게 국내 셀럽부터 해외 셀럽을 포함한 전 세계 많은 사람들에게 사랑받는 '슈프림'에 대해 직접 구매하는 방법을 공부했고, 내가 터득한 소중

한 정보를 무료로 누구나 도전할 수 있도록 블로그를 통해 공유했다.

내가 제공하는 정보들은 각 개인의 돈을 아껴줄 수도 있지만 돈을 벌어다 주는 정보들도 포함되어 있었다. 실제 고객 중에는 일반 고객이었다가, 개인사업을 시작한 분들이 많다. 그분들은 대부분 본래 직업이 따로 있었지만, 투잡으로 새로운 수입원이 생기게 된 것이다. 정보 교류를 통해 서로 존중하게 되었고, 도울 수 있는 부분에서는 최대한 지원해주는 사이가 되었다. 이렇게 나는 사장님이 아닌 사람들에게 선생님이라는 호칭을 얻었고 많은 사업자와 함께 성장하고 있다.

영화 "쥬라기 월드"(Jurassic World, 2015)에서는 주인공 오웬이 공룡 '랩터'들을 조련하는 장면이 나온다. 랩터들은 오웬의 말을 잘 따랐고 성장하고 있었다. 그러던 어느 날 다양한 종류의 동물의 유전자로 만들어진 변종 대형공룡이 쥬라기 월드를 쑥대밭으로 만들자 오웬은 랩터들과 현장으로 출동하게 된다. 하지만 알고 보니 변종 대형공룡의 유전자에 랩터 유전자도 포함되어 있어 오웬의 조련을 받는 랩터들이 갑자기 인간을 배신하고 공격을 하기 시작했다. 물론 마지막에는 다시 오웬의 편으로 돌아왔지만, 이 장면을 통해 결국 공룡은 공룡의 말을 더 신뢰한다는 것을 알 수 있다.

이 장면에서 말하고 싶은 것은 현재 대학생 예비창업자들은 성공한 기업가, 멘토 분들의 도움을 받는 데 한계가 있다는 것이다. 창업에 관한 강연을 듣고 코칭을 받으면 배우는 것도 많고 존경심을 갖게 된다. 하지만 실제로 자신이 도전할 수 있다는 공감 능력이 떨어지고, 정작 교육하는 사람들은 창업하고 있지 않은 경우가 많아 진심으로 신뢰하기가 어렵다. 따라서 학생들이 창업을 실행하지 않고 동기부여만 조금 받는 것으로 끝날 경우가 많다. 나 또한 그랬고, 다양한 예비창업자들이 비슷한 고민을 하는 것을 지켜봐 왔다. 얼마나 안타까운 일인가?

대학생들은 자신과 비슷한 또래의 창업가를 만나고 싶어 한다. 자신과 나이도 비슷해서 대화하기도 편할뿐더러 시대가 크게 변하지 않아서 자신도 할 수 있다는 자신감이 생긴다. 최근에 나를 찾아오는 대학생, 졸업생 역시 고민은 비슷하다. 창업에 도움 되는 행사, 멘토링, 강연을 참가해도 크게 도움 되지 않았다는 것이다. 그것을 나도 알고 있었기에, 연락 오는 학생들을 무시하기가 어려웠고 결국 그들에게 창업 멘토가 되어주었다. 과거의 나도 창업에 대한 궁금증이 많았지만 첫 시작을 어떻게 해야 할지부터 막막했기 때문에 실질적으로 도움 되는 내용을 주고 싶었다. 학교에서 배우는 프로그램은 대학생들이 실행하기에는 어렵고, 직접 관련되지 않거나 이미 오래된 내용이 많았다.

시중에 나와 있는 책이나 인터넷 자료를 찾아봤지만 대부분 특정 학과를 나와야만 할 수 있는 대학생 창업가의 책이나 수업하기 위해 만든 창업 관련 전공 서적 등이라 도움을 주는 데 한계가 있었다. 결국 학생들에게 내 경험을 바탕으로 한 사업계획서, 지원사업, 마케팅, 고객관리방법 등을 알려주게 되었고, 대학생뿐만 아니라, 졸업생, 예비창업자들에게 도움을 줄 수 있는 멘토가 되었다.

나는 남들보다 똑똑하지도, 돈이 많지도 않은 평범한 학생이다. 하지만 나에게는 '절박함'이 있었고, 그것을 통해 좋은 황금열쇠이자 무기인 창업경험이 생겼다. 이로 인해 선순환으로 사장님에서 선생님, 멘토가 되어 대학교에서 강연도 하였고, 지금은 이 책의 저자가 되었다. 이 모든 것은 불과 내가 창업을 시작한 지 4년도 되지 않아 이룬 것들이다. 이렇게 나의 인생은 현재진행형으로 조금씩 바뀌고 있으며 이제 시작이라고 생각한다.

의외로 많은 대학생이 졸업을 앞두고 스펙 때문에 몸을 움츠린 채 휴학과 복학을 반복하며 대학에 다시 둥지를 튼다. 일부러 F 학점까지 받으며 졸업을 유예하기도 한다. "이 정도면 되지 않나?" 싶을 정도의 스펙을 갖춘 청년들도 너 나 할 것 없이 더 많은 스펙을 쌓기에 매달린다. 이미 대학을 졸업한 청춘들도 학원가를 돌며 스펙 쌓는 일에 파고든다.

— 정철상 저, 『커리어코치 정철상의 따뜻한 독설』, 라이온북스

위 인용문처럼 스펙 쌓기 열풍은 주변에서도 흔히 볼 수 있는 대학생의 현실이다. 학교를 졸업하고도 학원에서 공부하거나 휴학 후 취업준비하는 친구들이 많다. 그중에서도 공모전은 대학생활 동안 1회 이상 수상할 확률이 낮아 도전을 어려워한다. 대학교를 비롯한 정부, 공공기관, 대기업 등에서 주최하는 공모전은 대부분 경쟁

이 매우 치열하지만, 창업 관련 공모전과 지원사업은 누구나 쉽게 도전할 만하다. 이번 장에서는 창업 공모전과 지원사업의 주인공이 된 과정을 이야기하고자 한다.

대학에 갓 입학한 새내기 시절, 선배들은 취업을 잘하기 위해서는 그만큼 스펙이 좋아야 해서 초년생 때 미리 준비해야 한다고 늘 얘기했다. 충고를 듣고 스펙을 쌓기 위해 광고동아리에 들어갔다. 우리 동아리는 인원이 많아 팀을 나눈 뒤 팀별로 기획하여 광고 관련 공모전에 도전하기로 했다. 공모전 준비에는 시간, 아이디어, 팀워크의 3박자가 중요한데 우리 팀원들은 각자의 사정으로 하나둘씩 빠지게 되었고, 결국 공모전을 포기할 수밖에 없었다.

이렇게 나는 결국 이룬 것 하나 없이 아르바이트와 학업에만 열중하였다. 그렇게 1학년을 바쁘게 보낸 뒤 바로 입대를 하게 되었다. 군대에서 나에 대한 스펙을 살펴봤다. 봉사활동, 학생회 등을 했지만 결국 나를 만족하게 할 만한 스펙과 능력은 없었다. 항상 나에게 공모전은 먼 꿈으로만 생각하며 지냈다. 하지만 글을 잘 쓰는 편도 아니고, 디자인이나 컴퓨터 능력도 형편없던 내가 제대하고 여러 공모전과 지원사업에서 수상하며 좋은 결과를 얻었다. 그건 바로 창업에 관한 것이었다. 공모전 수상은 하늘의 별 따기로만 생각했는데, 수상금까지 받게 되니 자신감이 붙어 정부지원사업에도 도전했고, 작지만 만족스러운 결과를 얻었다. 그렇다면 공모전과 지원사업에 담쌓고 지내던 초보자인 내가 어떻게 공모전과 지원사업의 주인공이 될 수 있었을까?

학교에서 창업 성공, 실패사례 대학생을 선정하는 공모전에 혼자 도전한 것이 가장 의미 있고, 기억에 남는다. 수상금이 무려 1백만 원이었는데 그때 당시 창업을 시작한 지 1년이 되어가고 있었다. 매출이 많지는 않지만 내가 하는 일은 다른 대학생들이 쉽게 할 수 없던 일임을 분명하게 느꼈고, 과감히 도전했다. 왜냐하면 나는 일본 아마존과 라쿠텐에 여러 상품을 판매하면서 국내 고객을 상대로 해외직구를 도와주는 글로벌셀러였기 때문이다. 그때 당시 고작 2학년밖에 안 된 대학생이 미국에 있는 상품들을 일본에 판매한다는 것을 알게 된 주변인들은 하나같이 대단하다고 칭찬해주었고 덕분에 자신감을 얻었다. 나는 공모전에서 꼭 창업 성공사례로 선정되고 싶은 마음이 간절하여 전체적인 경험을 잘 녹여내서 도전하기로 했다.

우선 나는 셀러 활동을 하면서 모험을 했다. 다른 셀러들은 대부분 패션에서 시계, 의류, 신발 등 어느 한 가지 분야만 집중적으로 공략했다면, 나는 새로운 카테고리를 발굴하면서 다양한 상품을 판매했다. 최대한 좋은 결과를 내기 위해 일본 블로그, 뉴스 기사, 키워드 랭킹 등을 파악하여 내가 잘 모르는 분야까지 상품등록을 하며 판매활동을 했다. 판매한 품목은 신발, 가방, 시계, 의류, 침대, 이어폰, 헤드셋, 운동기구, 텐트 등이었고, 판매한 카테고리가 점차 늘어났다. 국내 고객 상대로도 카카오톡 플러스 친구로 구매대행을 진행했었는데, 주로 건강식품 위주로 고객들에게 매력적인 가격을 제공하니 인정받기 시작했다. 비록 그때 당시 카카오톡 플러스 친구 수가 63명밖에 되지 않았지만, 내가 도전하고 이룬 것들은 대학생 창업가가 하기에는 대단한 일이기 때문에 성공사례로 선정되기가 충분히 가능하다고 생각했다.

이러한 나만의 창업경험으로 전체적인 흐름을 계획하고 흥미로울 수 있게 문서를 작성했다. 당시 내 주변에서도 공모전에 지원하는 사람들이 여럿 있었지만, 시작도 제대로 하지 못하는 사람들이 과반수였다. 결국 성공사례로 유일하게 선정되면서 1백만 원의 수상금을 받게 되었다. 대학생이 되고 나 혼자 처음으로 도전했던 공모전이라 뜻깊었다. 특히 전교생 중 유일하게 선정되었다는 것을 알았을 때 기분이 최고로 좋았다. 이후 여러 공모전과 지원사업에 도전하는 계기가 되었다.

혼자서도 공모전에 지원했지만, 대부분의 공모전과 지원사업은 창업팀으로 도전했다. 창업팀에서 나의 역할은 주로 사업계획서 작성 보조, 행사 참여였고 가끔 발표도 했다. 우리 창업팀은 운 좋게 처음으로 도전했던 창업행사와 공모전, 지원사업이 모두 선정되어 승승장구했다. 학교에서 주최하는 행사에서도 창업캠프 최우수상, 창업박람회 인기상 등을 수상했고, 교육부가 주관하는 '창업유망팀 300'에도 최종선정되었다. 그 다음 충북산학융합본부, 충북기업진흥원에서도 지원사업이 선정되며 좋은 결과를 얻어냈다. 하지만 우리 창업팀도 좋은 결과만 있지는 않았다. 수많은 공모전과 지원사업에서 떨어졌었지만 포기하지 않고 계속해서 도전했고, 결국 여러 공모전과 지원사업에서 쾌거를 이뤘다.

　창업하는 학생 중에는 공모전과 지원사업만 준비하고 실제로 창업하지 않는 학생들이 많다. 또한 이 같은 경력을 자신만의 스펙으로 남겨서 좋은 곳에 취업하려는 경우도 많다. 내가 해주고 싶은 이야기는 돈이 없어서 창업하지 못한다는 친구들, 스펙이 없는 친구들에게 아무도 알려주지 않은 새로운 창업 공모전에 대한 내용을 알려주고 싶다. 실제로 대학생 창업자 중 가지고 있는 돈으로 시작하는 경우는 많지 않다. 대부분 공모전부터 도전하고 지원사업에 선정되어 시작한다. 규모가 크든 작든 여러 기관에서 지속해서 열리므로 참여할 기회는 많다. 계속 도전하면 실력이 쌓여 분명 좋은 결과가 있을 것이다.

공모전과 지원사업은 누군가 시켜서 해야 하는 조별과제가 아니다. 자발적으로 '창업'이라는 하나의 공통된 목표로 모인 사람들이 준비한다는 것만으로도 재미있고, 좋은 스펙이 될 수 있다. 어렵다고 생각할 수도 있다. 나도 처음에는 사업계획서를 작성할 줄 몰랐고, 처음 도전한 것이 창업 관련 공모전이었다. 노력한 끝에 여러 공모전, 지원사업의 주인공이 되었고, 평생 나에게는 멀게만 느껴졌던 일들이 현실이 되었다. 매년 학생들이 도전할 기회는 꾸준히 늘어나고 있다. 그 주인공이 바로 여러분이다. 지금까지 했던 대학생활을 바꾸고 싶지 않은가? 이제 그 꿈은 실현이 될 것이다.

PART

대학생 때 창업하면
왜 좋을까?

현실적으로 대학생들은 1백만 원도 모으기 힘들 뿐만 아니라 빚을 가지고 졸업한다. 물론 가정에서 용돈을 받는 학생들도 있겠지만, 그렇지 않은 학생들은 아르바이트로 용돈을 벌면서 대학생활을 병행한다. 또 학자금 대출과 생활비에 쫓겨 돈을 모을 여유가 없다. 단순 아르바이트는 기계처럼 정해진 시간과 장소에서 부족한 인원을 채워 일을 대신하는 역할이기 때문에 언제든지 자기 일을 다른 사람이 대체할 수 있어 낮은 시급을 받는다. 심지어 대학생들은 학기 중에는 아르바이트를 구하기도 어려워서 현실적으로 방학 때 일하거나 휴학해서 아르바이트하는 학생들이 많다. 그렇다면 어떻게 해야 졸업하기 전에 1천만 원 통장을 만들 수 있을까?

요즘 많은 것을 포기한 20 · 30세대를 빗대서 'N포세대'라는 신조어가 생겨났다. N포세대는 취업, 연애, 결혼, 출산, 내 집, 인간관계를 넘어서 꿈과 희망 모든 삶의 가치를 포기한 20~30대를 말한다. 여러분들과 나는 다를 것이 없다. 나도 당장 생계가 급하니 남들처럼 연애, 여행, 자격증, 토익학원, 공모전 등은 생각할 여유가 없었고, 학교에서 좋은 성적을 받기 위해 열심히 공부하면서 아르바이트를 하는 N포세대 중 한 명이었다.

하지만 나는 대학생 창업을 하면서 인생이 180도 바뀌었다. 많은 사람들에게 인정을 받았고 경제적, 시간적 여유가 생겼다. 나보다 더 뛰어난 스펙과 좋은 성적을 받는 학생들이 오로지 취업을 목적으로 남들과 똑같은 스펙만 쌓는 것이 안타깝다. 그 시간의 일부만이라도 무자본 혹은 소자본 창업에 투자했다면 나보다 성공한 대학생 사장님이 많이 생길 수 있다고 생각한다. 지금부터라도 많은 대학생이 이 책을 읽고 무자본, 소자본 창업으로 실패해도 망하지 않는 창업방법을 터득하여 누구나 빚이 아닌 1천만 원 통장을 가지고 졸업했으면 좋겠다.

나는 중, 고등학생 때부터 친구들과 시계 부품을 제조하는 공장에서 일했다. 함께 일하는 친구들과 대화를 나누던 중 스무 살이 된 기념으로 명품시계를 비교적 저렴하게 구매했다는 한 친구의 말을 듣고, 여기에 관심이 생겼다. 며칠 내내 인터넷에서 자료를 찾아 공부하면서 저렴하게 구매하는 방법과 그 이유를 파악했다. 그래서 나도 판매자가 되어 보기로 했다. 주문이 하루에 1개 정도 들어왔는데 용돈 벌이로 아주 쏠쏠했다. 하루에 내가 일하는 시간은 약 10분이지만 다른 친구들이 아르바이트로 몇 시간씩 일하는 것보다 많은 돈을 벌었다. 그때 '머리를 조금만 쓰면 돈을 쉽게 벌 수 있는데 왜 힘들게 아르바이트를 할까?'라는 의문이 들었고 본격적으로 창업에 관심을 가진 상태로 입대하게 되었다.

창업에 대한 나의 의지는 군대에서도 계속되었다. 제대한 후 창업하기 위해서는 부대 안에서 밖에 있는 사람들보다 더 노력해야 한다고 생각했다. 다른 부대원들이 저녁 개인정비시간 대부분을 가족, 친구, 연인과 전화로 통화하거나, PC 이용 혹은 TV를 시청할 때 나는 불필요한 시간을 최소화했다. 1주에 1번 5분 정도만 전화하는 시간을 갖고 평소에는 자격증 공부, 운동, 독서, 사업 아이디어 구상 등 최대한 시간을 활용했다. 그리고 사이버지식정보방(사지방)에서 창업 공부, 동기부여가 되는 글귀나 영상 보기, 사업아이템 찾기, 가격분석 등을 하는 데 시간을 보냈다. 매일 잠들기 전 모포 속에서 라이트 펜과 수첩으로 사업 아이디어를 적으며 창업에 대한 열정을 불태웠다. 내가 복무하던 부대는 인원수가 많은 편이 아니라 군 생활의 대부분은 비번 없이 야간근무를 서야 했다. 야간근무

시간에 사업에 관심이 있는 후임병들과 제대 후 하고 싶은 사업에 관해 이야기하며 시간을 보내기도 했다. 그렇게 오지 않을 것만 같았던 제대 날이 다가왔다.

제대하고 나니 어느덧 23살이 되었다. 용돈 받을 나이도 지났기 때문에 생계를 위해서 제대한 지 1주 만에 중, 고등학생 때 일했던 공장에서 다시 아르바이트를 시작했다. 아침 6시에 일어나서 저녁 8시가 되면 집에 돌아왔다. 특히 주말수당이 높아서 힘들어도 꾹 참고 토요일에도 일했었다. 하지만 벌어들이는 돈은 많지 않았고 금세 나의 통장은 '텅장'이 되어 깊은 좌절감을 맛보았다. 이 좌절감은 내가 창업을 해야겠다고 다짐하는 계기가 되었다.

그해 3월, 2학년으로 학교에 복학했고 돈 없이 시작할 수 있는 글로벌셀러에 관심을 두고 창업을 시작하게 되었다. 이후 해외직구 플랫폼 '돌직구'를 만들었고, 일본 아마존과 라쿠텐에서 셀러가 되어 미국 쇼핑몰에 있는 상품들을 일본 고객에게 판매하여 수익을 얻었다.

이렇게 대학교 2학년 때부터 아르바이트로 돈을 버는 다른 친구들과 달리 나만의 사업을 시작하게 된 것이다. 현재는 창업 4년 차인 4학년 대학생 사장님이 되었다. '돌직구' 회원은 4천 명이 넘었고 앱 개발 스타트업 창업팀에서 애플리케이션 7개를 개발했다. 꾸준히 멈추지 않고 활동한 덕분에 한정판 정품 쇼핑몰 '슈타쿠'를 시작할 수 있었다. 오랜만에 만난 친구들이 나에게 자주 하는 질문으로는

"돌직구랑 슈타쿠를 정말 네가 만들었어?"

"디자인이랑 도메인은 어떻게 했어?"

"웹사이트 만드는데 돈 많이 필요하지 않아?"

"너 고등학생 때 영어 8등급이었는데 지금은 영어 잘하겠네?" 등이다.

질문을 받으면 항상 이렇게 답변한다.

"모두 혼자서 운영할 수 있고 돈도 많이 필요하지 않아. 너도 충분히 할 수 있고 여전히 영어도 잘하지 않아."

사람들은 창업을 특별한 아이디어가 있는 사람들이 하는 것이고, 비용이 많이 들고 실패하면 망한다고 오해한다. 하지만 그렇지 않다. 내가 말하는 창업은 누군가에게 돈을 빌리거나, 투자를 받거나, 많은 돈이 필요한 것이 아니다. 작게 시작해서 점점 커지는 창업하는 방법이다. 지금은 나의 노하우를 많은 대학생과 예비창업자들에게 공유하고 무자본, 소자본 창업을 시작할 수 있게 도움을 주고 있다. 최근 정부에서도 창업에 대한 지원사업 규모가 커지고 있고, 각 대학교에서 창업 공모전 등 다양한 지원을 하고 있다. 창업이 어렵다고 느껴진다면 학교 또는 정부기관에서 창업 관련 무료교육을 듣거나 공모전에 무작정 참가해보는 것을 추천한다. 창업을 한 번 경험해보면 생각보다 재미있고, 쉽기 때문이다. 앞으로는 많은 대학생들이 누구나 창업을 부담 없이 쉽게 시작해서 목돈을 만들고 졸업했으면 좋겠다.

지난 2018년 4월 2일 KBS2 TV 〈대국민 토크쇼 안녕하세요〉에서는 '청춘고민 특집'으로 스펙, 아르바이트, 학점관리로 아르바이트 3개를 병행하는 4남매의 장녀가 출연했다. 학비와 생활비를 위해서 무리하게 일을 하다 쓰러져 병원에 입원하는 등 건강에 이상이 온 것이다. 하지만 생계와 취업을 위해서는 할 일이 많아 건강을 뒤로했다고 하여 방송을 본 사람들의 진심 어린 걱정과 안타까움을 자아냈다. 또 대학생인 방청객들은 '취업에 고민이 있는가?'라는 질문에 다수가 손을 들어 얼마나 많은 학생들이 미래에 대해 고민을 하고 있는지 알 수 있었다.

내 주변에서도 스펙을 쌓고 원하는 곳에 취업하기 위해 토익학원, 자격증 공부, 대학원 준비, 인턴 등을 하며 큰 비용을 지출하고 있는 취업준비생이 많다. 좋은 곳에 취업하기 위해서는 높은 학점, 토익점수, 대외활동, 공모전, 봉사활동, 어학연수, 자격증, 인턴 등의 자격이 있어야 한다는 공식이 따라붙는다. 하지만 스펙이 있다고 해도 취업하기가 쉽지 않다. 심지어 인턴이 되기도 어렵고, 합격하여 직장 생활을 해도 낮은 월급을 받고 회사의 갑질, 사내 왕따, 커피 심부름, 야근 등 좋은 대접을 받지 못하며 일할 가능성이 높다.

이렇게 남들이 다 가진 스펙을 쌓는 것이 과연 정답일까? 우연히 tvN 〈토론대첩〉에서 N포세대를 주제로 진중권 교수와 하수인 대학생들이 토론하는 장면을 보았다. 이때 진중권 교수가 "남들이 다 가지고 있는 스펙은 '스펙'이 아닌 거예요"라고 말했다. 이 발언은 많은 청년들에게 일명 '팩트폭력'이 되어 큰 공감을 얻었다. 그렇다면 남들이 가지고 있지 않은 스펙은 어떤 것이 있을까?

최근 몇 년간 전국 수많은 대학교에서는 창업에 관심이 있는 학생들이 증가하는 추세다. 전국 학교 단위로 공모전, 지원사업 규모가 점점 커지고 대학생들끼리 경쟁하는 경우가 많아서 아이디어만 좋다면 처음 도전하는 학생들도 수상하기가 비교적 쉽기 때문이다. 나 역시 대학교 2학년 1학기에 창업을 시작했지만, 학교에서 주최하는 창업캠프나 공모전에 참가하기에는 좋은 아이디어가 아니었고 사업계획서를 작성하는 방법도 몰라서 어려울 것이라고 생각하고 포기했었다.

하지만 그해 2학기 처음 시작하는 학생들끼리 창업 팀원으로 모였고 열심히 하자는 각오로 도전하게 되었다. 창업캠프 경쟁자들은 오랜 전통이 있는 창업동아리들부터 이미 외부 공모전과 지원사업에서 좋은 성과를 얻은 학생들을 포함한 수십 개의 팀이 있었다. 하지만 우리는 '대방'('대학가 방 구하기'의 줄임말로 에어비앤비와 유사한 대학가 자취방 공유 플랫폼)으로 발표했고 수많은 팀을 이기고 2016 건국대학교 창업캠프에서 2등, KU 창업박람회 아이템 부문 인기상을 받는 기적을 이뤘다. 이렇게 대학생이 된 후 처음으로 공모전에서 빛을 보며 남들이 가지고 있지 않은 새로운 스펙이 생겼다. 현재는 창업 관련 경력이 많이 생겨 나만의 이야기를 가질 수 있게 되었다.

무작정 대학생 때 창업했다고 기업에서는 좋은 스펙이라고 인정해주지 않는다. 오히려 어설프게 창업했거나 자기소개서를 작성하는 방법에 따라 마이너스가 되는 경우도 많다. 만약 당신이 인사담당자로 신입사원 면접을 본다고 가정해보자. 지원자의 경력에 창업

경험이 있어서 여러 질문을 했더니 엉뚱한 답변을 하거나, 거짓말을 하는 것처럼 느껴진다면 신뢰하기 어렵다. 또 직장 생활을 일찍 그만두고 창업을 다시 할 수 있다는 생각이 들어 마이너스로 느껴질 수도 있다. 그렇다면 기업에서 좋아하는 창업 스펙은 무엇일까?

대부분은 20대 젊은 대학생이 학교에 다니면서 창업했다고 한다면 대견스러워하며 다른 학생들보다 특별해 보인다. 기업에서도 마찬가지다. 취업하기 위해 자기소개서에 창업 관련 스펙을 작성하면 분명 인사담당자는 면접에서 검증하려고 창업경험에 관한 질문을 할 것이다. 이때 창업하면서 얻은 자신의 성과와 실패한 원인, 느낀 점, 앞으로의 포부 등을 진정성 있게 전달한다면 좋은 스펙으로 인정받을 수 있다. 또 창업 공모전과 지원사업은 아이디어, 발표 능력, 팀워크가 중요하기 때문에 수상을 하게 된다면 특별한 스펙이 된다. 실제로 최근 창업동아리 활동을 하는 학생 중에는 진짜 창업을 하고 싶어서 도전하는 것이 아닌 취업을 더 잘하기 위해 자신만의 새로운 이야기, 좋은 경험, 공모전 수상 등 특별한 스펙을 만들어서 창업을 시작하는 경우가 많다. 특히 학교에서는 창업동아리 장학금도 받을 기회도 많으니 도전해 볼 만하지 않은가?

2016년 인터넷 뉴스에 한 기사가 올라왔다. 제목은 〈대기업 들어가려 '스펙용 창업' 3분의 1이 매출 제로〉였다. 이 기사에는 취업하기 위한 꼼수로 스펙용 창업을 하여 창업에 도전한 여러 대학생의 이야기가 실렸다. 한 스타트업 창업팀에서는 간단한 '온라인 홈페이지 제작사업'을 시작하여 6개월 만에 서비스를 종료했지만 창업팀 멤버들은 얼마 지나지 않아 창업 스펙이 잘 먹혀 멤버 8명 중 7명이 모두 대기업에 취업했다는 내용이다. 심지어 참여하지 않고 이름만 올린 학생도 있었다고 한다. 이 기사를 통해 창업경험을 좋게 보는 대기업들이 많다는 것을 다시 한 번 알 수 있었다.

실제로도 '스펙용 창업'을 하는 학생들은 많다. 하지만 시대는 빠르게 변화했고 인사담당자들은 더 이상 속지 않는다. 실제로 창업을 어떻게 했고, 그 내용이 사실인지 면접에서 검증하려 하기 때문에 창업하는 척을 하는 것은 바보 같은 짓이다. 진짜 대학생 창업을 한다면 공모전, 지원사업에서도 좋은 결과를 얻고 특별한 스펙이 되어 자신만의 이야기가 만들어진다. 이렇게 진짜 창업을 경험한 학생들은 도전정신, 성실함, 미래지향적인 성향이 많아서 기업에서 선호할 수밖에 없다.

학생들은 대학생 때 창업하다가 오히려 취업을 위한 스펙을 쌓지 못해 시간을 낭비한다고 생각한다. 다른 학생들에게 뒤처진다고 느끼거나, 창업에 실패해서 큰 손해가 생길 거라고 미리 걱정한다. 하지만 창업 그 자체가 좋은 스펙이고 경험이기 때문에 면접을 본다면 인사담당자들은 창업을 경험한 학생을 일반 학생들과는 비교가 안 될 만큼 뛰어나다고 생각할 것이다. 창업은 평범한 대학생들도 엘리트처럼 보일 좋은 기회다. 창업해서 실패하면 어떤가? 창업 그 자체는 취업할 때만 적용되는 스펙이 아닌 인생에서 가장 훌륭한 스펙이다. 또한 4차 산업혁명으로 대학생들은 자신만의 대학생 창업을 시작하게 될 것이다. 당신도 정답을 알고 있지 않은가? '늦었다고 생각할 때가 가장 빠르다.' 이 말을 기억하기 바란다.

'돈 없이 창업하는 것은 불가능하다'라는 생각은 많이들 공감할 것이다. 하지만 최근 전 세계적으로 돈이 없어도 창업을 시작하는 사람들이 점점 늘어나고 있다. 『나는 돈이 없어도 사업을 한다』의 저자 프레이저 도허티(Fraser Doherty) 역시 14살 어린 나이에 자신이 만든 잼을 영국의 유명 유통업체에 납품하면서 최연소 납품업체 사장님이 되었다. 내 주변에서도 자신의 재능으로 돈을 버는 학생들의 사례를 쉽게 볼 수 있다. 그래서 나는 많은 학생들에게 돈 없이도 창업을 시작할 수 있다는 사실을 알려주려고 한다. 과연 진짜 돈 없이 창업할 수 있을까?

　『100달러로 세상에 뛰어들어라』의 저자 크리스 길아보(Chris

Guillebeau)는 세계적으로 유명한 자기계발 경영전문가다. 이 책에서는 흙수저 또는 평범했던 사람들이 소자본으로 창업을 시작하여 인생이 바뀐 스토리를 담았다. 다양한 분야에서 부담 없이 창업을 시작할 수 있게 동기를 부여하는 책으로 창업을 막 시작하는 대학생들이 읽는다면 자신의 경험으로도 창업을 할 수 있다는 자신감과 넓은 시야를 길러 줄 것이다. 이 책에 나오는 사례 일부를 PART 3에서 소개하겠지만 제목처럼 단돈 100달러 한화 약 12만 원으로 누구나 창업을 시작할 수 있으니 아직도 의심이 든다면 이 책을 한번 읽어보는 것을 추천한다. 내가 창업을 직접 경험해보고 느낀 점은 대학생은 소자본과 무자본 창업을 하기에 매우 좋은 환경에 있어 지금처럼 공부하면서도 부담 없이 창업을 시작할 수 있다.

혹시 학교에서 창업 관련 공지를 본 적이 있는가? 대체로 대학교에서 주최하는 창업 공모전, 창업박람회, 아이디어 공모전, 창업캠프, 창업특강 등은 오직 아이디어만으로 전문가들에게 교육을 듣고 평가받을 기회를 학생들에게 무료로 제공하며 규모 또한 늘리고 있다. 이처럼 대학생들이 돈 없이 창업을 시작할 수 있는 최적의 환경이 구축되고, 창업에 대해 아무것도 모르는 친구들도 잘 활용하면 좋은 결과를 얻을 수 있다. 만약 수상을 하게 되면 아주 특별한 스펙이 될뿐더러 상금이 주어지기 때문에 경제적으로도 도움이 된다. 좋은 결과를 받지 않아도 괜찮다. 학교는 '창업'이라는 하나의 꿈을 가진 다양한 학과의 친구들이 모이는 장소다. 행사를 통해 많은 창업팀이 만들어지기도 하며, 좋은 인적자원이 단 한 명이라도 생기는 것만으로도 아주 값진 결과다. 학교는 많은 학생들이 창업을 시작할 수 있는 최고의 출발선이니 잘 활용하기 바란다.

K-Startup 사이트를 활용하면 국가에서 지원하는 창업행사는 어떤 것들이 있는지, 언제 개최되는지 정보를 얻을 수 있다. 좋은 장소에서 맛있는 식사를 무료로 먹으며 창업교육을 받을 수도 있다. 그리고 정부지원사업 공고가 올라오면 39세 미만의 예비창업자 또는 3년 미만 기창업자를 대상으로 경쟁하는 사업이 많아 대학생들도 수천만 원, 수억 원의 자금조달을 받을 좋은 기회가 주어진다. 내 주변에서도 정부지원사업으로 큰돈을 지원받은 대학생들이 있다. 그 경력으로 다른 대학생들에게 강연하거나 사업계획서 피드백, 컨설팅을 하면서 돈을 벌기도 한다. 이렇게 학교와 정부에서는 창업하기 좋은 환경을 대학생들에게 제공한다. 돈 없이 창업을 배우고

시작할 수 있다는데 왜 아직도 망설이는가?

지금 이 책을 읽는 대학생들은 창업에 조금이라도 관심이 생겼을 것이다. 아이디어가 샘솟는 학생도 있고, 아이템은 없지만 창업하고 싶어 하는 학생도 있다. 두 부류 모두 무엇을 먼저 해야 하는지 막막할 것이다. 그렇다면 어떤 것부터 시작할지 모르는 학생들을 위해 다음 몇 가지 도움될 만한 내용을 살펴보자.

이 책은 창업을 시작할 수 있게 도움을 주는 책으로 나머지 자세한 정보는 다른 책이나 인터넷에서 쉽게 찾을 수 있는 내용이라 생략하겠다.

K-Startup에서 예비창업, 창업 초기, 창업성장, 재창업, 창업교양 등 무료 온라인 창업 강좌를 수강한다.

특허정보검색서비스(http://www.kipris.or.kr/)에 접속하여 국내외 특허를 검색해본다. 추가로 대학생은 '대한변리사회' 사이트를 통해 무료 변리를 도움받을 수 있다.

창업 아이디어마루(http://www.ideamaru.or.kr/)를 통해 창업 멘토와 아이디어를 구체화한다.

학교, 정부 등에서 주최하는 창업교육, 창업 공모전, 창업캠프, 창업박람회 등에 참가한다.

빠른 시대의 변화로 이 책을 읽는 학생들은 자신이 즉시 창업을 시작할 수 있는지 실감이 나지 않을 것이다. 하지만 지금도 충분히 가능하다. 나는 앞서 말했듯이 4학년이 되면서 한정판 정품 쇼핑몰 '슈타쿠'를 새롭게 시작했다. 이번에 쇼핑몰 제작에 들어간 비용은 총 50만 원도 되지 않지만 현재까지 성장 속도는 나쁘지 않다. 적은 돈으로 시작하였고, 고정비도 거의 없어서 판매가 없어도 부담이 없다. 이 정도 비용은 누구나 아르바이트나 용돈을 차곡차곡 모아 만들 수 있는 돈이라고 생각한다.

최근 여러 사람들을 만나면서 모두가 자신만의 관심사, 경험, 지식, 취미가 다름을 다시 한 번 느꼈다. 이 책에서는 실제 요즘 대학생들이 어떤 창업을 하고 있는지 사례를 들어 여러분들의 잠재력을 끌어내고 자신감을 주려고 한다. 누구나 자신만의 경험을 살려 지금 즉시 창업을 시작할 수 있다. 돈 없이 창업하기 딱 좋은 신분인 대학생들이 좋은 기회를 놓치지 않았으면 좋겠다.

2018년 '알바몬'이 대학생을 대상으로 월평균 생활비를 조사한 결과 한 달 평균 51만 4천 원을 지출하는 것으로 나타났다. 평균 용돈은 28만 8천 원으로 평균 생활비보다 턱없이 부족했다. 나머지는 아르바이트를 통해 생활비를 마련한다. 그렇다면 대학생들에게 한 달에 100만 원이라는 수익이 생긴다면 어떨까? 이 돈이면 교통비, 통신비, 월세, 식비를 해결하는 데 큰 도움이 될 것이다.

과거의 나는 다른 학생들처럼 고정적으로 용돈을 받지 못해 생활비 대부분을 아르바이트를 통해 마련하며 대학생활을 했다. 하지만 아르바이트를 한다고 해도 100만 원은 꿈의 월급이었고 방학 때 열심히 일해야 벌 수 있을까 말까였다. 하지만 창업하고 1달 수익이

100만 원 이상이 되었고, 내 삶도 많이 바뀌었다. 그 과정은 어렵고 힘들었지만 아르바이트를 하며 기계처럼 돈을 벌던 시절보다 훨씬 만족스러워 나의 노하우를 다른 대학생들에게 알려주고 싶다. 학생들은 학교에서 오래된 창업지식을 이론으로만 배우고, 실전으로 해보지 않아 방법을 모르고 겁이 생기기 쉽다.

내가 남들보다 머리가 좋고, 성실하고, 지식이 많고, 기업가 정신이 뛰어나다고 생각하지 않는다. 학교에 다니다 보면 나보다 다방면적으로 훌륭한 학생들이 많지만 취업과 공무원이라는 문만 보고 달려가니 안타까울 뿐이다. 내가 말하는 대학생 창업은 지금처럼 취업준비를 잘하면서도, 위험하지 않고, 최대한 적게 일해서, 아르바이트하던 시절보다 많은 돈을 벌게 하는 것이 목적이다.

창업해서 늘 상승곡선만 있었던 엘리트는 아니다. 창업한 지 1년이 지났을 때의 상황은 최악이었다. 다른 사장님들과 공동으로 사용하는 아마존, 라쿠텐 계정이 영구정지 되면서 1년 동안 상품등록을 했던 것이 물거품이 되었다. 상황은 악화되어 한 달에 10만 원도 벌지 못해 폐업위기를 맞았다. 지푸라기라도 잡는 심정으로 안정적인 사업을 하는 선배 사장님께 연락하여 도움을 요청했지만 그분은 나에게 나이도 어린 대학생이니 사업을 그만두고 아르바이트나 시작하라고 조언해주었다. 그 시절 나도 많이 고민했다. 당장 생계를 유지할 돈이 없으니 아르바이트를 하면서 사업을 유지할까 생각했다. 하지만 마지막 희망을 품고 무엇이든 해보고 싶었고, 나만의 저비용 고효율 마케팅을 시작하게 되었다. 그때 당시 큰돈이었던 약 15만 원을 투자했고, '돌직구'의 전성기가 시작되었다.

그렇게 점차 고객들이 늘어났다. 가장 기억에 남는 순간은 하루 최고 매출을 기록한 날이다. 도서관에서 친구들과 시험공부를 하던 어느 늦은 밤, PC방에서 1시간 정도 일하고 슈프림×노스페이스 콜라보레이션 한정판 구매에 3건이나 성공한 것이다. 1건당 순수 금액은 적어도 수십만 원 정도는 남길 수 있었다. 평범한 대학생인 나에게는 기적 같은 일이었고 사업에 더욱 재미를 느끼게 되었다. 이렇게 대학생 창업을 하더라도 하루 수익 100만 원, 한 달 수익 100만 원 이상은 꿈이 아니라 현실이 될 수 있다.

많은 학생들은 '창업할 시간이 없다'고 고민한다. 학점과 스펙관리, 아르바이트로 바쁘고 잠을 잘 시간도 턱없이 부족하다. 하지만 나는 바쁜 와중에도 시간 관리를 효율적으로 하면 새로운 시간이 생긴다고 생각한다. 대학교 2학년, 창업을 처음 시작할 때 학교에서 듣는 수업이 많았지만 시간을 쪼개고 효율적으로 사용하여 사업에 집중할 수 있었다. 만약 오전 9시 수업이라면 새벽에 일어나서 수업 전과 쉬는 시간에 업무를 봤다. 점심시간에도 도서관에서 일을 했고 수업이 끝나면 저녁, 심지어 새벽까지 일하는 경우도 많았다.

남들은 힘들지 않냐고 생각할 수 있겠지만 나는 행복했다. 아르바이트처럼 다른 사람의 사업 안에서 일을 대신하는 것이 아닌 내 사업을 하는 거라 더 애착이 가고 열정이 생겼다. 아르바이트할 때보다 더 재미있으면서 많은 돈을 벌 수 있다면 너무나도 좋지 않은가? 하루하루 성장하는 것에 대한 즐거움, 그것이 대학생 창업의 매력이지 않을까?

나는 창업을 시작할 때 학교에서 좋은 성적을 유지하면서 '직장인 평균월급' 수준으로 돈을 버는 것이 최종목표였다. 남들은 고작 그 정도냐고 할 수 있겠지만 소자본 창업을 하는 대학생 1인 기업이 직장인 평균월급 수준을 버는 것은 현실적으로 매우 어렵다. 쉬웠으면 누구나 시작했을 테니 말이다. 일반 자영업자들도 대부분 많은 빚에 쫓기며 버티다가 폐업하는 경우가 대다수인데, 사회에

막 나온 대학생이 공부하면서 직장인만큼 돈을 번다는 것은 일반적으로는 쉽지 않다.

이 책을 읽으면 느끼겠지만 내가 알려주는 대학생 창업은 돈이 많이 필요하거나, 위험하지 않다. 나와 비슷한 시기에 창업을 시작한 자영업자들은 나보다 대부분 시간, 돈, 경험, 인맥에서 좋은 조건을 가지고 시작했을 것이다. 하지만 대다수가 빚만 늘고 폐업한다. 이 책에 나의 창업 생존 노하우를 담았으니 많은 학생들이 새로운 대학생활을 했으면 좋겠다. 첫 시작은 작아도, 점점 성장해서 아르바이트할 때보다 많은 돈인 100만 원, 그 이상의 돈을 벌어서 한 번뿐인 대학생활을 조금 더 풍족하고 여유 있고, 알차게 보내보자.

'캠퍼스 푸어'라는 신조어를 알고 있는가? '캠퍼스 푸어'는 학자금 대출을 받은 청년층이 졸업 후에도 대출을 갚지 못하는 경우를 뜻한다. 2018년 통계청에서는 30대 미만 가구 평균부채가 2010년도보다 2017년에 약 3배 증가한 2,385만 원이라고 전했다. 또 2018년 잡코리아×알바몬이 20·30 대학졸업자 및 대학생을 대상으로 학비 관련 빚 현황을 조사했는데 조사대상의 28.5%가 자신이 '캠퍼스 푸어'라고 생각한다는 결과가 나왔다. 하지만 대학생들은 누구나 졸업 후 빚을 상환할 수 있다고 생각한다.

　실제로 대학 졸업 후 취업에 성공한 직장인 중에서도 '전혀 갚지 못하고 있다'는 응답이 22.8%로 많은 청춘들이 대학생 때 생기는 빚에서 빠져나오기가 어렵다는 것을 알 수 있다. 그래서 내가 창업한 후 장학금, 장려금으로 경제적인 부담을 줄일 수 있었던 경험을 알려주고자 한다. 이 책의 독자 중, 단 한 명이라도 대학생 창업을 통해 학자금, 생활비를 해결하여 '캠퍼스 푸어'에서 벗어나기 바란다. 좋은 스펙으로 아르바이트를 하는 것보다 더 많은 돈을 벌 수 있도록 도움을 줘서 행복한 청춘이 되었으면 좋겠다.

당신은 대학교에 다니면서 국가장학금 외의 장학금을 받아 본 적이 있는가? 많은 학생들은 전액 장학금을 받는 것을 '하늘의 별 따기'로 생각한다. 나도 그랬다. 장학금 사업이 공고가 올라오면 높은 경쟁에서 이겨야만 했고, 성적장학금은 더 치열하여 대학교를 졸업할 때까지 장학금 한번 못 받고 졸업할 줄 알았다. 만약 평범한 대학생에게 창업하면 전액 장학금과 더불어 매 학기 200만 원의 장려금이 주어진다고 하면 어떤 반응을 보일까?

대부분은 황금 같은 기회라고 생각할 것 같지만 곧 경쟁이 치열하다고 생각해 지원을 포기한다. 하지만 경쟁은 없었다. 한국장학재단에서 운영하는 사업은 전국 대학교 기준으로 선발하며 우리 학교에서는 수요조사 후 2명을 선발하게 되었는데, 나를 포함해 총 2명만 지원했다. 덕분에 가뿐히 선발되었다.

나에게 두 번 다시 오지 않을 기회였고 이 기회를 놓치지 않고 잡았다. 하지만 다른 학생들은 나와 달랐다. 누구나 전액 장학금에 장려금까지 받고 싶지만 기회가 눈앞에 있어도 일반 대학생들은 도전하지도 않고 쉽게 포기하며 기회를 놓쳤다.

'창업하면 바빠질 것 같아.'

'지원해도 떨어질 것 같아.'

이렇게 걱정만 하다가 기회를 놓친다. 어렸을 때부터 창업에 대한 안 좋은 이야기만 들은 사람들은 취업과 공무원 준비만이 정답이라 생각한다. 여러분들도 그렇지 않은가? 그렇다면 냉정하게 말해서 졸업 후 '캠퍼스 푸어'가 될 확률이 높다.

나는 결국 졸업할 때까지 국가에서 전액 장학금과 매 학기 200만원의 창업 장려금을 받을 수 있게 되었다. 다른 지원사업과 달리 사용내역 보고서를 쓸 필요도 없고, 자유롭게 사용할 수 있다. 200만원이면 한 학기 생활비로도 충분하며 마케팅, 자기계발 등에 투자할 때 조금 더 과감하게 할 수 있다. 하지만 이것은 시작일 뿐이다. 내가 아는 대학생 중에서도 수백만 원, 수천만 원을 지원받는 학생들이 많다. 여러분들도 학교에서 주는 장학금과 정부에서 주는 수상금을 받고 싶지 않은가?

대학생 때 창업하면 가장 좋은 점은 정부, 학교에서 많은 지원을 받는 것이다. 나는 앞서 말한 장학금 이외에도 더 많은 경력이 있다. 학교에서 운영하는 창업스펙업, 창업마일리지, 창업동아리 활동을 하면서 매 학기 지원을 받았다. 창업팀 활동을 하면서 여러 기관에서 수백만 원대의 지원사업에도 다양하게 선정되며 지원받기도 했다. 우리 창업팀이 특별한 사람들로 보일 수 있지만, 막상 그렇지는 않다. 우리 모두 시작한 지 몇 달 되지 않았지만 좋은 결과들을 얻어냈다. 다른 학생들도 시작한 지 얼마 안 되었어도 수백만 원, 수천만 원을 지원받는 경우도 많았다. 그렇다는 건 지금 이 책을 보고 있는 여러분도 충분히 가능하다는 거다.

지금까지 자금지원을 집중적으로 이야기했지만 이외에도 창업교육, 시설공간, 멘토링, 정책자금, 사업화, 해외진출, 행사 등 무료로 참여할 수 있다. 자신이 얼마나 적극적으로 행동하느냐에 따라 누릴 수 있는 혜택의 폭은 달라진다. 운이 좋게도 나는 처음으로 도전한 창업행사인 '2016 건국대학교 창업캠프와 창업박람회'에서 2등과 인기상을 받았다. 이어서 여러 공모전, 지원사업에서도 성과를 이뤄냈다. 하지만 상승곡선만 있었던 것은 절대 아니다. 여러 정부지원사업과 공모전에서 1차 서류와 2차 발표에서 떨어졌다.

그중 기억에 남는 것은 2018년 2월 학교에서 주최한 '엑셀러레이팅 스쿨'이다. 창업 2년 차에 나름 경력이 있는 상태로 참가했었다. 대부분 학생들은 예비창업자였고 사업계획서를 한 번도 써보지 않은 친구들이 많았다. 그 자리에서 팀을 즉석으로 꾸리고 사업계획서를 작성하여 아이디어 평가를 받았다. 그중 우리 팀원들의 경력이 우수한 편이어서 교수님, 교직원분들의 기대가 컸다. 하지만 우리는 가장 좋지 않은 평가를 받았다. 뒤에서 1, 2등은 등수를 공개하지 않았는데 우리가 두 팀 안에 포함되었기 때문이다. 하지만 좌절하지 않았다. 배운 것도 많았고, 기회는 수도 없이 많기 때문이다.

자신이 얼마나 노력하느냐에 따라 다르겠지만, 분명한 건 창업한 대학생은 창업하지 않은 대학생들보다 장학금, 정부지원금을 받을 기회가 훨씬 많다. 물론 경쟁률이 낮거나 반대로 높을 수도 있다. 다만 내가 말하고 싶은 점은 지금처럼 학교에서 취업준비를 하는 동시에 창업을 부담 없이 시작할 수 있다는 것이다. 그리고 많은 장학금, 정부지원금을 받아 '캠퍼스 푸어'에서 벗어나는 데 도움이 되었으면 좋겠다. 그 시작은 지금 당장 대학생 창업을 시작하려는 여러분의 마음가짐에 달렸다.

2018년 대법원에서 세대별로 집계한 파산신청자 수를 발표했다. 2013년부터 5년 동안 30대부터 70대까지 파산신청자 수는 줄어들었지만 유일하게 20대만 파산신청자 수가 약 60%가 증가했다. 설상가상 모든 세대 중 소득이 줄고 있는 건 30세 미만이 유일하다고 전했다. 시간이 흐를수록 청년들의 경제 사정은 나빠지고 있다. 결과가 보여주듯 이렇게 부모님에게 손을 벌리거나 대출해서 취업, 공무원 준비만 하다 보면 빚에 쫓기는 삶을 살 가능성이 높아진다.

이 상황에서 누군가가 여러분에게 창업하라고 하면 '미친 소리'라고 이야기할 수도 있다. 하지만 그렇다고 지금처럼 단순 스펙을 쌓으며 취업준비만 할 수는 없지 않은가? 내가 말하는 것은 지금처럼 똑같이 취업준비를 하되 무자본, 소자본 대학생 창업으로 돈 벌면서 학교생활을 하라는 것이다. 당신이 청년파산을 할지, 아니면 다른 삶을 살지 아무도 모른다. 지금이 마지막 기회일 수도 있다.

모든 위대한 변화는 차례로 쓰러지는 도미노처럼 시작된다.

미국의 소설가인 BJ 쏜턴이 한 말이다. 유튜브에서 한 물리학자가 도미노 8개를 세워 쓰러트리는 영상이 화제가 되었다. 도미노는 자신보다 1.5배 큰 사물을 쓰러트릴 수 있다는 원리를 적용했다. 첫 번째 도미노는 고작 5cm이었지만 여덟 번째 만에 90cm 도미노를 무너트렸다. 이것은 기하급수적으로 커져 31번째 도미노는 에베레스트산보다 무려 900m 더 높아진다고 한다. 이는 우리 대학생 창업에도 적용할 수 있다.

내가 말하는 창업은 돈이 많이 필요한 창업이 아니라, 위험부담이 적고, 작게 시작해서 점차 커지는 창업이다. 나 역시 창업한 지 1년이 지났을 무렵 월 10만 원 정도 수익이 생겼을 정도로 너무나도 힘든 시기를 겪었다. 하지만 1년이 지난 지금은 많은 사람들에게 이름을 알리며 성장하게 되었다. 현재는 대학교에서 창업특강 강사가 되었고, 예비창업자에게 멘토로 코칭해주며 무자본, 소자본 창업을 시작할 수 있게 도움을 주고 있다. 그리고 아직 20대 대학생이지만 저자가 되었다. 이 모든 것은 나만의 첫 번째 도미노인 '창업'을 시작했기에 가능했다.

최근 많은 대학생들은 취업에 성공하기 위해 기계처럼 남들이 하는 스펙을 쌓는데 집중한다. 학점이 높아도 다음 학기가 되면 배운 내용을 잊어버리고, 토익점수가 높아도 외국인과 대화하는 것을 어려워한다. 때로는 스펙을 쌓으려고 돈을 모아서 해외봉사를 가기도 한다. 안타깝지만 이런 학생들은 앞서 말한 '캠퍼스 푸어'가 될 가능성이 높다. 4차 산업혁명 시대가 다가오면서 기계, 자동화, 키오스크, 인공지능 등의 발달과 인건비 인상, 물가상승 등으로 취업하기에 조금 더 불리한 환경이 조성되고 있는데 특별하지도 않은 스펙으로 취업을 준비하기 때문이다. 아인슈타인은 '똑같은 일을 반복하면서 다른 결과를 기대하는 것은 미친 짓'이라고 말했다. 지금부터라도 특별한 사람이 되기 위해 창업에 도전하는 것은 어떨까?

우리는 가끔 빛이 나는 사람들을 만난다. 그들은 특유의 말과 행동으로 특정모임에서 인정받는다. 말과 행동의 영향력이 얼마나 큰지 느낄 수 있다. 대학생들 사이에서도 특별하게 빛나는 사람들이 있다. 주로 공부, 운동, 외국어, 발표, 창업 분야에서 뛰어난 학생들이다. 그런데 이 중에서도 창업하는 대학생을 눈여겨보아야 한다. 다른 능력인 공부, 운동, 외국어, 발표는 보통 일정 수준으로 하는 학생들이 많아 월등하게 잘해야만 인정받는다. 하지만 창업하는 학생들은 다르다. 최근 학교, 국가에서 창업지원이 커지고 있지만 실제 학교에 다니면서 사업자 등록을 한 대학생들은 많지 않다. 그래서인지 남들보다 결과적으로 뛰어나지 않아도, 시도했다는 것 그 자체만으로 특별한 경험이 되어 빛나는 사람으로 보인다.

　나는 대학교에 진학하면서 등록금, 기숙사비 등 생활비를 해결하기 위해 학자금 대출을 받았고 처음으로 빚이 생겼다. 어느덧 1천만 원이 넘는 빚이 생기게 되었고 당장 갚을 수 있는 상황이 아니었기에 아르바이트를 하며 학교에서 공부했다. 언젠가는 빛을 보기 위해 버티는 것이 전부였다. 하지만 대학생 때 창업을 시작한 후 내 삶은 180도 바뀌었다. 첫 번째 도미노를 무너트리자 연쇄적으로 다른 도미노들을 무너트릴 힘이 생겼고, 어둠 속에서 빛을 보며 달려나갈 수 있게 되었다.

내가 책을 쓰게 된 이유는 주변에 있는 대학생 친구들도 빚이라는 어둠 속에 빠져 자신은 창업하지 못한다고 생각하기 때문이다. 하지만 내 생각은 다르다. 누구나 단돈 0원으로도 시작할 수 있는 게 대학생 창업이라는 것을 알려주고 싶다. 성공하는 사람들은 돈이 없어도 없는 대로 시작해서 공모전, 지원사업, 투자 등으로 자금조달을 하며 빚을 본다. 결국은 어떤 행동을 해야 할지 모르고 있을 뿐, 누구나 지금처럼 힘든 삶에서 벗어날 수 있다.

성공적인 다이어트를 하기 위해서는 식단조절과 운동, 규칙적인 생활습관, 보조제 등 다방면으로 노력이 필요하다. 바쁜 현대인들은 운동을 위해 보통 헬스장에 등록하며 다이어트에 성공하기를 다짐한다. 헬스장에 다니는 많은 사람들은 이렇게 말한다. '헬스장에 가는 것이 귀찮아요. 그런데 막상 가면 열심히 운동하게 되더라고요.' 이렇게 매일 운동하면 50%는 목표달성했다고 할 수 있다. 우선 헬스장에 직접 가는 것이 다이어트 성공의 지름길이다. 그만큼 시작이 중요하다.

창업도 운동과 비슷하게 접근해보자. 평범한 대학생들은 돈도 없고, 아르바이트, 스펙, 학점관리 등으로 시간이 부족하다. 심지어 창업에 대한 교육이 매우 부족하고 어른들의 좋지 않은 소리를 듣고 시작하기조차 어렵다고 생각한다. 하지만 막상 창업을 시작하면 훌륭한 결과물을 얻어내는 경우가 많다. 그리고 한 번만 도전하고 포기하지 않는다. 대부분은 실패해도 다른 아이디어로 새로운 창업에 도전한다. 실패하는 과정에서도 성공이라는 빛을 봤거나 만족스러운 결과물을 얻었기 때문이다. 나는 여러분도 충분히 인생을 바꿀 수 있다고 생각한다.

박용후 저자의 『관점을 디자인하라』에 나오는 구절이다. 지금까지 자신의 대학생활을 되돌아보자. 친구들이나 교수님들이 생각하기에 여러분은 다른 학생들과 비교하여 평범한 학생인가, 특별한 학생인가? 이제는 Only One이 되어야 살아남을 수 있는 시대가 왔다. 그래서 많은 학생들은 다른 사람들과는 조금 특별한 스펙을 갖기 위해 노력한다. 예를 들어 장학금, 공모전, 대외활동 등이다. 보통 지원자가 선발 인원보다 많기 때문에 본인이 지원한다면 이 사실을 주변 사람들에게 알리지 않고 최대한 경쟁률을 줄이려고 행동할 것이다.

하지만 창업은 대체로 상반된 상황을 보여준다. 만약 창업한다고 주변 사람들에게 알렸다고 하자. 친구나 선후배들이 창업 관련 공모전, 지원사업, 박람회, 창업캠프, 멘토링, 장학금 등의 정보를 알게 된다면 가장 먼저 여러분에게 알려주며 도움을 주려고 할 것이다. 주변에 창업하는 사람으로 당신이 먼저 생각나고 노력을 인정해주기 때문이다.

학교에서도 학생들의 창업 성과가 중요해졌기 때문에 교직원, 교수님도 많은 정보를 알려주며 도움을 줄 것이다. 그렇게 자신의 성과가 하나둘 쌓인다면 분명 이전과는 다른 'Only One'으로 변화하고 있음을 느낄 것이다. 모든 것은 졸업한 이후가 아니라 대학생일 때 가장 큰 효과를 얻을 것이다.

College Student

CEO

대학생 누구나
지금 즉시 **사장님이**
될 수 있다

많은 청년들은 어렸을 때부터 좋은 대학교에 가기 위해 공부한다. 대학교에 입학하면 대부분 취업하기 위해 공부하거나, 공무원을 준비하며 시간을 보낸다. 이렇게 창업에 대해서는 제대로 배운 적이 없으니 아무것도 모르는 게 당연하다. 나도 창업에 대해 제대로 배운 적 없이 시작했다. 지금 생각해보면 모른 상태로 시작한 과거의 나를 대단하다고 칭찬하고 싶다. 창업에 대해서 1도 몰랐고, 사업계획서, 마케팅, 재무, 회계, 공모전, 지원사업에 대해서도 백지상태에서 창업에 도전했기 때문이다.

심지어 해외직구 글로벌셀러가 되기 위해 교육을 들었다. 기본적인 구매대행, 배송대행을 모를 정도로 동기 중에서도 가장 뒤처졌

였다. 하지만 나는 사업성을 보았고 자신감과 성실함이라는 무기로 창업하게 되었다. 이후 열심히 공부하고 시간이 지난 결과 지금은 나를 전문가로 인정해주는 사람들이 늘어났다. 다른 사람들은 창업을 시작하기 전에 많은 것을 배우고 준비해야 한다고 생각하지만 평범한 대학생들은 창업을 시작하면서 배워나가는 것도 좋은 방법이다. 아무것도 몰라도 시작할 수 있다.

물론 어느 분야에서는 심도 깊게 공부해야 좋은 성과를 낼 수 있다. 큰 비용이 들고, 위험이 큰 사업은 철저한 준비와 분석을 통해 시작해야 하는 것이 큰 도움이 된다. 하지만 이 책에서는 위험이 적고 누구나 부담 없이 할 수 있는 대학생 창업에 대한 이야기를 담았다. 창업에 대해 전혀 몰라도 시작할 수 있다는 이야기를 하고 싶다.

전 세계적으로 돈 없이 창업에 도전한 사람들은 수없이 많다. 여기서 시간과 경제적인 여유가 생겨 성공한 사람들이 많다. 그들 대부분은 누군가에게 창업하기 위해 배운 것도 없었으며, 많은 돈을 가지고 시작한 것이 아니다. 크리스 길아보(Chris Guillebeau)의 『100 달러로 세상에 뛰어들어라』는 세계적으로 선풍적인 인기를 얻었다. 4차 산업혁명 시대에서 창업에 도전하는 예비창업자라면 꼭 한

번 읽어봤으면 하는 책이다. 이 책에서는 저자가 전 세계를 돌아다니며 100달러도 안 되는 적은 돈으로 창업해서 성공한 개인 사업자들과 인터뷰하며 얻은 비법들을 담았다.

책 제목부터 매력적이지 않은가? 이 책에서는 많은 사업자들이 자신의 경험으로 창업을 시작한 다양한 사례가 들어있다. 100달러는 큰돈이 아니기 때문에 대학생들도 충분히 아르바이트해서 모을 수 있는 금액이다. 남들 따라 아무런 준비 없이 치킨, 카페 사업을 한다고 가정하자. 무작정 시도했다가 빚만 쌓여 실패할 가능성이 높다.

자신이 평소에 잘하고 잘 아는 분야를 하되 고객의 수요가 있다면 단돈 10만 원으로 작게라도 시작해보자.『100달러로 세상에 뛰어들어라』는 대학생들이 사회에 나가기 전에 누구나 창업을 시작할 수 있다는 자신감을 북돋아주는 책이라고 생각한다. 많은 사람들의 기존 생각을 완전히 바꿀 수 있게 도와줄 뿐만 아니라 여러 경험으로 자신의 재능을 살릴 수 있기 때문에 꼭 읽어봤으면 좋겠다.

내가 아는 대학생 창업가들은 다음의 부류로 나뉜다.

사업계획서를 잘 써서 공모전이나 지원사업에만 고집하는 사람

본인이 잘하는 것으로 창업을 시작하는 사람

한 번도 해본 적 없지만 좋은 아이디어로 시작하는 사람

아이디어는 없는데 창업은 해보고 싶은 사람

학생들은 다음의 다양한 이유로 창업을 하고 싶어 한다.

시간적 자유를 누리고 싶어서

돈을 많이 벌기 위해서

누군가의 간섭을 받기 싫어서

재미있는 일을 하고 싶어서

이 중에서도 자신이 평소에 잘하는 것으로 소비자들의 니즈를 파악해서 창업할 수 있다는 것을 알려주고 싶다. 대학생활에 영향을 끼치지 않고도 당장 시작할 수 있기 때문이다. 예를 들어 디자인을 전공하는 대학생은 자신이 직접 만든 반지, 목걸이, 팔찌, 의류, 예술작품 등을 제작하여 판매하면서 창업을 시작해볼 수 있다. 컴퓨

터 웹, 앱에 능숙한 학생들은 재능기부 사이트를 활용해서 프로그램 제작 및 보수 등을 통해 창업할 수도 있다. 마케팅을 잘하는 사람들은 SNS를 통해 회사를 차린 후 페이스북, 인스타그램, 블로그 등을 직접 운영하거나 다른 회사를 성장시켜주면서 창업할 수 있다. 또 운동을 잘한다면 개인적으로 고객을 모아서 수업도 하고 PT 관리를 하면서 대학생 신분으로 즉시 창업을 시작할 수 있다.

이렇게 대학생들도 다양한 분야로부터 창업을 시작할 수 있고, 단돈 10만 원으로 시작할 수 있는 것들이 아주 많다. 물론 기존 시장에는 대기업부터 1인 기업까지 많은 경쟁자가 있을 것이다. 하지만 모든 사람들이 대기업의 상품만 사용하는 것이 아니듯, 고객들은 각자의 개성에 따라 가치가 달라서 대학생 사장님의 고객으로 충분히 만들 수 있다.

앞의 사례처럼 자신이 잘하는 것이 있으면 좋겠지만, 나처럼 특별하게 잘하는 것 하나 없는 사람들도 충분히 할 수 있다. 나는 영어도 못하고 해외직구도 모르는데 해외직구 플랫폼과 일본 아마존, 라쿠텐 셀러로 활동했다. 코딩을 못해도 창업팀의 공동창업자가 되어 애플리케이션을 개발했다. 내가 돈이 많은 것도 아니고, 특출나게 잘하는 게 있던 것도 아니다. 처음에는 뒤처지기 일쑤였고, 많은 사람들에게 인정받지 못했다. 그 사람들은 내가 특별하지 않다는 걸 알고 있었기 때문이다. 하지만 지금은 다르다. 창업해서 일정한 수준에 도달했고, 대학교에서 학생들에게 강연도 하며, 멘토로 활동하고 있다. 그리고 지금은 나만의 경험을 바탕으로 책을 쓴 저자가 되었다.

창업을 너무 크게 생각하고 어렵게 생각하지 마라. 대학생 창업은 돈이 없어서 시작을 못하는 것이 아니라 몰라서 못하는 것뿐이다. 대학생이라면 누구나 지금 당장이라도 창업할 수 있는 무기가 하나씩 있을 것이다. 그 무기를 아껴서 활용하지 않고 취업만 준비하며 살아갈 것인지, 아니면 그 무기를 사용해 창업하면서 자신의 실력을 갈고닦아 더 강한 무기를 만들지는 자신의 선택에 달려있다.

2018년 7월 기준 자영업자 수가 570만 명이 넘었다. 더불어 최저임금상승과 경제 불황으로 많은 자영업자들이 어려움을 호소한다. 최근에는 직원 없이 혼자서 일하는 1인 기업들이 많이 증가하며, 소자본 창업이 이슈로 떠올랐다. 하지만 창업을 해보지 않은 대학생들은 1인 창업을 부담스럽고 어렵게 생각할 수 있다. 경험이 부족하고 주변 사람들과 언론은 창업에 대해 좋지 않은 측면만 이야기하기 때문이다.

결국 창업에 실패하면 많은 빚을 떠안는다고 부정적으로 생각하는 사람들도 소자본으로 빚 없이 창업에 성공한 사람을 좋게 볼 수밖에 없다. 충분히 가능한 일이다. 이번에는 대학생 창업팀을 만드는 방법과 창업팀이 좋은 이유를 대학생들에게 알려 창업에 조금 더 쉽게 다가갈 수 있게 하려고 한다.

대부분의 학생은 창업을 어렵게 생각한다. 그건 배우지 않았고, 경험해보지 않아서 그렇다. 그리고 창업은 대단한 사람들만 해야 한다고 생각하여 자신감이 없고, 실행하기 어려워 생각만 하다 끝나는 경우가 많다. 하지만 1인 창업이 어렵다고 창업을 해보지도 않고 졸업하면 나중에 후회하지 않을까? 이번에는 창업팀을 만들어서 창업을 시작하는 것을 알려주려고 한다. 나 역시 1인 창업으로 시작했지만, 2년이 넘는 기간 동안 창업팀 활동을 했었다. 나를 제외한 팀원 전체가 창업을 모두 처음 하는 생초보자였다.

대학생이 창업을 시작할 때 가장 큰 장점은 창업팀원을 비교적 구하기 쉽다는 것이다. 같은 학교 학생을 구할 수도, 다른 학교 학생을 구할 수도 있다. 다른 학생들 역시 새로운 도전을 하고, 스펙도 쌓고, 아르바이트 이외에 돈을 벌고, 새로운 인맥도 만들 수 있기 때문이다. 만약 같은 학교라면 소속감이 있어서 팀원을 구하기가 수월하다. 하지만 졸업하고 사회에 나가게 되면 팀원을 모으기가 훨씬 어렵다. 대부분 본업이 있는 상태에서 열심히 움직여야 하기 때문이다.

물론 애니팡 시리즈를 만든 선데이토즈 회사는 대학 졸업 후 주로 주말에 만나야 했지만, 시간 활용을 잘해서 창업 후 성공한 사례가 되었다. 이들 역시 같은 학교 컴퓨터공학과 출신이었기 때문에 잘된 점도 있다고 생각한다. 자기 혼자서 창업하면 어렵거나 부족한 부분을 팀원들의 능력으로 좋은 성과를 이룰 수 있는 최고의 기회이니 잘 활용해보기 바란다.

막상 창업해야겠다고 다짐해도 어떻게 창업팀원을 모집해야 하는지 막막할 수 있다. 내가 알고 있는 여러 방법을 소개하도록 하겠다.

지인 소개

대부분의 창업팀은 지인이거나 지인 소개로 만들어지는 경우가 많다. 우리 창업팀도 창업 초기에 같은 학과 학생들이 전공수업 팀 프로젝트를 하던 중 아이디어를 살려 창업을 시작했다. 이후 인맥을 활용하여 분야별로 학생들을 섭외했다.

학교 커뮤니티

우리 창업팀은 초기 경영학과 팀 프로젝트로 시작했기 때문에 디자인 담당자와 개발자가 없었다. 그래서 학교 커뮤니티를 통해 팀원을 모집했고, 그 결과 개발자 2명을 팀원으로 모집하는 데 성공했다.

학과별 홍보

학과별로 홍보하는 방법은 다양하다. 우리 창업팀은 해당 학과의 수업시간에 허락을 맡고 짧게 홍보하는 시간을 가졌다. 교수님, 학과 홈페이지 등 공지를 통해 팀원 모집도 했었다. 요즘 스마트폰이 없는 학생을 찾기가 힘들 정도로 스마트폰은 일상이 되었다. 스마트폰으로 학과별 단체 채팅방을 만들어 이곳에 메시지를 전달하기도 했다.

오프라인 창업행사

창업 네트워킹데이, 창업박람회, 창업교육, 스타트업 컨퍼런스 등에 참여하면 새로운 사람들을 알아간다. 새로운 인맥이 형성되고 그 자리에서 창업팀이 만들어지기도 한다.

스타트업 팀빌딩 플랫폼

자신의 학교 학생이 아닌 다른 지역, 연령대에서 원하는 인재를 찾는 방법으로는 오프라인 창업관련 행사도 있지만 온라인, 애플리케이션 등 스타트업 팀빌딩 플랫폼이 있다. 예를 들어 '고파운더', '비긴메이트' 등 초기 창업가가 프로젝트를 소개하며 공동창업자를 찾아주는 온라인 환경을 조성했고, 다양한 창업정보를 제공하는 사이트를 운영하고 있어 스타트업 팀빌딩하는 데 도움이 된다.

'혼자 가면 빨리 가지만 함께 가면 멀리 간다'라는 말이 있다. 많은 사람들에게 협력의 중요성을 일깨워주는 좋은 문장이다. 창업할 때에도 협력이 중요하다. 팀원들끼리 의사소통이 잘 안되고 불화가 생길 수 있지만 대부분의 창업팀은 뭉쳤을 때 좋은 결과를 얻어낸다. 기획, 마케팅, 개발, 디자인, 재무회계, 영업 등 다양한 업무를 해야 하는데 혼자서 하다가는 시작도 못하고 끝날 수 있기 때문이다. 하지만 창업팀으로 함께하면 각자의 장점을 살려 자신의 임무를 정하기 때문에 결과가 좋아질 가능성이 높다. 우리 창업팀도 2년이 넘는 기간 동안 함께했다. 처음 시작은 7명이었지만 마지막은 4명에서 열심히 자신의 사업이라고 생각하며 일했다. 비록 많은 돈을 벌지는 못했지만, 애플리케이션 7개를 개발 완료하였고, 많은 공모전과 지원사업에서 결과를 이뤄냈다고 생각한다.

대학생은 창업에 도전한다는 것 자체가 대단한 일이다. 지금까지 창업에 대해 배운 적이 없었는데도 수동적이 아닌 자발적으로 새로운 것을 시작하여 사회에 나왔기 때문이다. 나는 1인 기업과 창업팀 활동을 하면서, 생존창업과 모험창업 모두 겪었다. 각자 장단점이 있기 때문에 다른 학생들에게도 시간이 된다면 두 가지 모두 경험해 보는 것을 추천하고 싶다. 창업팀 활동 중 내가 느낀 점은 분명 대학생활 중 제일 재미있었고, 활력이 넘쳐났다는 거다. 부디 자신의 능력이 부족하더라도 좌절하지 말고, 창업팀으로 자신의 능력을 살리는 방법을 찾아 한 번이라도 도전해봤으면 좋겠다.

대학생 창업가가 창업 초기 고민하는 것이 몇 가지 있다. 바로 자금, 공간, 창업교육, 팀빌딩 등이다. 이러한 문제는 현재 자신이 다니고 있는 학교와 정부를 최대한 활용해서 도움을 받아야 한다. 소자본으로 창업을 시작하더라도 프로그램, 마케팅 비용 등 자금적으로 여유가 있다면 더 좋은 사업을 할 수 있기 때문이다. 실제로 대학생들의 아이디어에서 나온 자본, 기술은 높은 수준을 요구하는 경우가 많다. 그렇다고 해서 포기하거나 직접 돈을 모아서 창업하는 것은 부담이 되기도 하고 제한된다.

그렇다면 어떻게 해야 할까? 학교에서 받을 수 있는 지원, 공모전, 정부지원사업, 크라우드 펀딩 등으로 해결하면 된다. 적게는 수십만 원에서 많게는 수천만 원까지 지원받기가 가능하다. 바로 아

대학생
사장님

이디어만으로도 인정받으면 원하는 아이템을 개발할 수 있다. 기존에도 창업에 대한 지원이 좋아지고 있었지만 2018년 5월 정부는 '제2차 대학 창업교육 5개년 계획'을 발표했다. 실전형 창업을 할 수 있도록 환경을 조성한다고 하니 이를 잘 활용한다면 많은 대학생 창업가에게도 도움이 될 것이다.

만약 여러분에게 좋은 창업 아이디어가 있으면 어떻게 할 것인가? 특허도 내보고 싶고, 전문가에게 상담해보고 싶지 않은가? 그리고 창업교육과 지원까지 받으면서 창업할 수 있으면 얼마나 좋을까?

우선 K-Startup 사이트(http://www.k-startup.go.kr/)에 접속해보자. 이곳에는 창업과 관련된 다양한 사업 공고가 올라오기 때문에 많은 창업가들에게 큰 도움을 준다. 우선 이 사이트에서는 창업교육을 온라인과 오프라인 모두 수강이 가능하다. 온라인에서는 창업에듀를 통해 창업 단계별로 원하는 강의를 수강할 수 있다. 무엇보다 좋은 것은 오프라인 창업교육과 멘토링이다. 많은 사업들이 무료로 진행된다. 실력이 향상되고, 좋은 창업 인재와 전문가를 만날 수 있다. 사업화 및 사업계획서 작성 방법, 정부지원사업 준비, 멘토링, 법률, SNS마케팅, 회계/세무, 특허/지재권, 인사/노무 등 다양한 분야를 배울 수 있는 기회이니 잘 활용하면 큰 도움이 된다. 만약 오프라인이 부담스럽다면 온라인 '아이디어마루'(http://www.ideamaru.or.kr/)라는 사이트에서도 창업멘토와 아이디어를 구체화할 수 있으니 잘 활용하길 바란다.

대학생 창업팀에게 중요한 사항은 시제품을 만드는 일이다. 아이디어와 사업계획서만으로는 관계자를 설득, 이해시키는 데 제한되기 때문이다. 만약 애플리케이션을 만든다면 필수 기능이 구현되는 시제품이 필요하기도 하고, 제조업 분야라면 최소한의 기능을 갖춘 상품이 있으면 좋다. 최근 3D 프린터가 많은 대학교, 창업보육센터, 관련 기관에서는 대학생들이 재료만 가지고 가면 시제품을 만들 기회가 쉽기 때문에 이를 활용하고 이용하면 저렴하고 쉽게 시제품 제작이 가능하다.

시제품이 있으면 린 프로세스를 활용한 린 스타트업을 하여 고객들의 반응을 살필 수도 있다. 공모전이나 지원사업에도 분명 도움이 될 수 있는 부분이다. 우리 창업팀도 공모전에 참가할 때 시제품을 만들고 심사위원과 많은 사람들에게 소개했는데 덕분에 이해시키기 수월했고 신뢰를 받게 되었다.

최근 정부에서는 학생들의 취업난으로 인해 일자리를 늘리고 대학생 창업에 대한 지원을 확장하고 있다. 이에 많은 대학교에서도 대학생 창업 관련 지원과 행사의 규모가 커졌다. 우선 학교별 창업공고를 보면 매우 다양한 분야에서 주최된다. 우리 학교의 경우에는 창업스펙업, 창업마일리지, 창업동아리, 창업경진대회, 창업박람회, 창업소모임 등이 있다. 이외에도 외부 공모전이나 지원사업이 선정되어 외부로 가야 할 일이 생기면 교통비와 식비도 지원받을 수 있다.

공모전과 창업 교육 등 행사에 참여하여 수상금을 받을 수 있다면 그건 최상의 결과이다. 창업에 대한 지원은 학교별로 다를 수 있으니 창업 관련 부서에 직접 문의해보는 것이 좋다. 전화상담보다는 직접 만나 소통해야 교직원분들에게 좋은 정보를 많이 얻을 수 있기 때문이다. 앞에서 말했다시피 나는 정부에서 전액장학금과 창업장려금으로 매 학기 200만 원씩 받았다. 이 금액은 내가 힘들 때 동기부여가 되었고, 가장 만족도가 높았으며, 마케팅하는 데 도움을 주었다.

앞서 설명한 내용은 대부분 쉽고, 많은 대학생 창업자가 할 수 있다. 하지만 공모전, 정부지원 사업은 생각보다 어렵다. 대학생 창업자가 도전할 만한 사업들은 만 39세 이하 분들과 경쟁하기에 문턱이 높을 수 있기 때문이다. 하지만 불가능한 것은 아니다. 나는 여러 창업행사에 참여하였는데 많은 학생들이 수천만 원을 지원받으면서 창업하는 것을 보았다. 그러나 이들도 쉽게 이룬 것이 아닌 쓰라린 탈락의 맛을 봤다고 한다. 탈락하더라도 다음을 준비하였고 끝내 성공했다고 했다.

이분들이 말하는 공모전, 정부지원사업의 노하우로 좋은 아이디어, 사업계획서 작성, 창업자의 자신감과 아이디어의 실현가능성, 창업팀의 능력 및 팀워크, 경쟁사 분석 및 시장조사를 잘하고 피드백 받은 내용을 좋은 방향으로 잘 이행한 것이 도움 되었다고 한다. 나 역시도 1차 서류에서부터 탈락한 경우가 많았다. 하지만 기회는 계속 있으니, 탈락해도 다른 곳에 지원했었다.

이 책은 최대한 부담 없이 시작할 수 있는 대학생 창업을 다룬 내용이라 투자, 대출 등의 자금조달에 대한 이야기는 하지 않겠다. 그러나 크라우드 펀딩을 활용하면 불특정다수의 돈으로 창업을 시작할 수 있다. 종류에 따라 후원형, 기부형, 대출형, 지분투자형 등이 있고, 텀블벅, 와디즈 사이트에는 많은 스타트업의 프로젝트를 확인할 수 있다. 창업을 시작하기 전에 살펴보고 도전한다면 좋은 결과에 한층 다가갈 수 있을 것이다.

대학생 창업을 돈이 없어서, 어려워서 시작하지 못한다는 것은 핑계다. 절실함을 가지고 창업을 시작하는 학생들은 앞서 말한 내용을 모두 적극 활용하기 바란다. 지금까지 수백 명의 대학생 창업가를 만나면서 느낀 것은 흔히 말하는 천재, 금수저라고 창업하는 것이 아니라 누구나 시작할 수 있다는 것이다. 대학생활을 하면서 가슴 뛰는 일을 한 적이 있는가? 창업하면 매일 아침이 기다려지고 설렐 것이다. 경영자원을 지원 받을 수 있는 기회는 지금도 계속 생기고 있다. 그 기회는 이제 여러분이 잡을 것이다.

요즘 유튜브 크리에이터가 꿈의 직업이라고 불린다. 유명 크리에이터는 자신이 하고 싶은 일을 하면서 많은 돈을 벌기 때문이다. 카테고리로는 게임, 먹방, 노래, 토크, 유머, 교육, 영화리뷰, 다양한 팁 등 매우 다양한 콘텐츠들이 존재한다. 시청자 입장에서는 '저 사람들은 돈 벌기 참 쉽네'라고 생각할 수도 있다. 하지만 그들은 구독자 수 0부터 시작해서 지금의 위치까지 올라온 노력파라는 것을 알아야 한다. 지금도 매일 새로운 콘텐츠를 제작하기 위해 노력한다.

유명 먹방 BJ 밴쯔도 처음 1인 방송을 시작할 때 아버지가 반대했다고 한다. 다른 사람들처럼 취업해서 결혼하고 평범하게 살았으면 좋겠다고 생각했기 때문이다. 하지만 밴쯔의 어머니가 아버지를 설득해서 밀어주었고 지금의 위치에 오르게 되었다. 유튜브 크리에이터뿐만 아니라 대학생 창업도 마찬가지다. 아무리 노력하고 시간이 지나도 수익이 적을 수 있다. 하지만 구독자 0명의 유튜버들도 꾸준한 노력으로 결국에는 수백만 명의 구독자가 생기듯이 대학생 창업가도 처음부터 어렵다는 것을 인정하고 계속해서 독하게 창업 해나가면 분명 좋은 결과가 따라올 것이다.

이 책은 돈이 없어도 누구나 시작할 수 있는 창업에 대해 이야기 한다. 지금 당장이라도 사업자 등록증을 발급받아 사업을 시작할 수도 있다. 하지만 다른 사람들은 수천만 원, 수억 원을 창업에 투자해서 망하는 경우도 많은데 우리는 무자본, 소자본 창업을 하면서 처음부터 그들과 비슷하게 돈을 벌 생각하고 좌절하는 건 옳지 않다. 분명 어떤 대학생은 무자본, 소자본 창업을 하고 시간이 지나면 수천만 원, 수억 원을 투자한 창업자보다 더 많은 돈을 벌며 안정적인 사업을 할 수 있다. 하지만 첫 시작부터 많은 돈을 벌겠다는 생각을 하다 보면 구체적인 목표를 세우기가 어렵고, 도중에 포기하는 사람들이 많을 것이다.

나는 창업을 시작할 때 다른 사람들에 비해 목표가 비교적 작았다. 적어도 아르바이트를 할 때와 비슷한 정도의 수익과 시간적 자유를 누리겠다는 것이 목표였다. 그리고 1년 후에는 평균 직장인 수준의 월급 정도 버는 것이 목표였다. 누군가는 목표가 작다고 생각할 수 있고, 학교에 다니면서 그 정도 벌면 대단하다고 말할 수도 있다. 당시 나에게는 돈 걱정 없이 학교생활을 하는 수준만 된다면 너무 감사하다고 생각했다. 그래서인지 사업이 잘되지 않아 폐업위기가 왔을 때도 잘 버텨냈다. 현실적인 1년 목표는 작았지만 먼 미래를 보는 목표만큼은 컸다. 그래야 일정 목표를 달성해도 나태해지지 않고, 거만해지지 않고, 열심히 해서 더 성장할 수 있다고 생각한다.

초등학생 때부터 나의 최고 장점은 성실함이었다. 다른 상은 못 받아도 개근상은 고등학생 때까지 쭉 받았기 때문이다. 이러한 나의 성실함은 창업에서도 최고의 무기가 되었다. 나는 해외직구 플랫폼 '돌직구'를 본격적으로 시작하며 SNS 마케팅 역할로 블로그를 시작했다. 새로운 계정을 만들었고 아무도 보지 않는 글이 될 수 있었지만 정말 꾸준히 글을 작성했다. 그랬더니 내가 쓴 글을 보고 고객이 한 명, 두 명씩 늘어나기 시작했다. 나는 온 정성을 다해

하루 종일 고객들을 상대했다. 어느 순간 내 글을 기다리는 사람들이 생겼고, 지금은 블로그에 글을 매일 쓰지 않아도 사람들이 지속적으로 유입되고 있다.

내가 만약 첫 시작부터 수익을 기대했더라면 첫 번째 글을 쓴 순간 블로그를 포기했을 것이다. 실제로 내 친구 중에서도 여행, 맛집, 일상을 주제로 한 블로그를 시작한다고 SNS에 알렸지만 활동이 뜸해지더니 1달 안에 포기하는 것을 자주 봤다. 블로그는 새롭고 유익한 글을 쓰고, 여러 가지 조건을 만족해서 꾸준히 써야 블로그 지수가 높아진다. 블로그 지수가 높은 블로그가 검색 노출이 잘되지만 단기간에 되는 것이 아니라서 그전에 모두 포기한다. 물론 목표를 크게 잡아 자신감과 동기부여가 생기는 것은 좋다. 첫 시작은 아주 작을 수 있다는 것을 기억하자. 힘들이지 않고 지속하면 점차 자신이 하는 일이 커지는 마법을 느끼게 될 것이다.

나는 대학생 창업을 갓난아기처럼 대해야 한다고 생각한다. 부모는 태어난 아기를 사랑하고, 소중하게 대하며, 24시간 밤낮으로 정성껏 보살펴주기 때문이다. 부모는 아기가 뒤집기를 하거나 처음 두 발로 서거나 처음 말하기 시작할 때 감동받고 행복함을 느낀다.

갓난아이가 태어나자마자 말을 하거나 두 발로 설 수 없다는 것은 누구나 아는 사실이다. 아기는 점차 커서 뛰어다니기도 하고 말을 유창하게 하는 유년기를 거쳐, 학창시절을 보내고 어른이 된다. 이렇게 창업을 처음 시작하는 사람도 자신의 사업을 갓난아기처럼 사랑하고, 소중하게 대하며, 24시간 정성껏 밤낮으로 보살핀다면 작은 결과 하나하나에 기쁨을 느끼고 천천히 성장할 것이다.

누구나 이용하는 대표 SNS인 페이스북도 첫 시작은 미국의 하버드대학교 학생을 대상으로 서비스를 시작했다. 투자를 받아 스탠퍼드, 컬럼비아, 예일대학교까지 확장했고 이후 많은 대학교에서 서비스를 사용하게 된다. 나아가 2006년부터는 13세 이상의 이메일 주소를 가진 이용자가 모두 사용할 수 있게 하면서 전 세계적인 SNS로 자리 잡았다. 창업자인 마크 저커버그(Mark Elliot Zuckerberg)는 자수성가형 최연소 억만장자가 되었다.

비록 이 책에서는 페이스북처럼 큰 창업만 하지 않는다는 것에 초점을 두었지만 성공한 창업자, 특히 젊은 나이에 창업을 시작한 사람들의 사례를 아는 것만으로도 큰 도움이 되기 때문에 페이스북 창업을 예로 넣었다. 이렇게 성공한 창업자들도 첫 시작부터 우여곡절이 많았고, 처음부터 큰돈을 벌지 않았다는 것을 알려주고 싶다. 많은 대학생 창업자들 역시 자신의 창업이 지금 당장 돈을 벌어주지 않더라도 주눅 들지 않고 힘냈으면 좋겠다.

많은 사람들이 창업할 때 자신의 능력이 되지 않아 시작하는 것을 두려워한다. 하지만 요즘 안정적으로 운영하는 수많은 1인 기업들도 역시 모든 일을 혼자 하는 경우는 거의 없다. 고객을 모집하고 중간역할만 해서 돈을 버는 사람들도 많다. 내가 학교에 다니면서 돈 없이도 창업을 시작할 수 있었던 것도 나 혼자 모든 일을 하지 않았기에 가능했다.

　다른 사람들은 내가 5개국의 배송대행지 지사를 운영하고 있어 큰돈으로 사업을 시작했고 많은 일을 한다고 생각한다. 나는 보통 직장인보다 일을 적게 하며, 창업 초기자본은 남들과 비슷한 소자본 창업비용만 들었을 뿐이다. 따라서 학업을 포기하지 않아도 창업을 잘할 수 있었다. 다른 사람들에게 일을 왜 맡겨야 하는지, 무엇이 좋은지 여러 사례를 통해 누구나 자신이 하고 싶은 창업을 할 수 있다는 자신감을 심어주고 싶다.

사업을 다른 사람에게 맡긴다고 생각하면 '잘할 수 있을까?' 걱정부터 든다. 그렇다고 혼자 모든 일을 하려고 하다 보면 전문성이 떨어지고, 시간과 비용이 많이 투입되고, 여러 문제가 발생할 수 있다. 우선 이 책은 대학생 창업을 위한 안내서로 예상독자는 대학생이다. 대학생들은 학교에서 배울 수 있는 창업교육이 많이 부족하고, 관련 지식이나 기술을 깊게 배우는 데 한계가 있다. 또한 창업에 집중할 수 있는 시간도 고정적이지 않고, 일반 창업자에 비해 시간이 부족한 편이다. 성인이지만 학교에서 공부하는 학생이지 돈 버는 직업이 아니기 때문에 대부분 수중에 돈이 없다.

이 중에 하나라도 해당한다면 아웃소싱은 꼭 필요하다. 그렇다고 모든 일을 맡기는 것이 아니라, 전문 인력이 필요한 일을 전문 기업에 맡겨서 비용을 절감하고 좋은 품질의 상품과 서비스를 고객에게 제공하라는 것이다. 예를 들어 가방이나 의류를 제작할 수 있는 원단을 가진 회사를 운영한다면 자신의 사이트를 통해 고객들에게 주문을 받고, 전문 제조공장에 원단을 주고, 제작의뢰를 할 수 있다. 또 본인이 디자인에 자신 있다면 고객을 모집한 후 제작은 전문 공장에 맡겨 사업을 하면 된다.

내가 만든 해외직구 플랫폼 '돌직구'도 비슷하다. 한국에서 고객 관리, 배송대행신청서 확인 및 수정, CS 등을 해결한다면 배송대행 업무는 돌직구가 제휴 맺은 해외지사에서 배송을 해주는 일을 한다. 물론 아무 배송대행업체와 계약했다면 고객들의 불만이 있었겠지만 좋은 서비스와 혜택이 있고, 일반 고객은 이용할 수 없고, 비용도 저렴한 편에 속해서 많은 고객들에게 사랑받고 있다. 이렇게 나도 아웃소싱을 통해 한국에서 학교 다니면서 소자본으로 해외직구 플랫폼 창업을 운영할 수 있었다.

누구나 아웃소싱을 잘 활용한다면 자신의 능력이 부족하더라도 시간과 비용을 절약하면서 좋은 서비스로 창업을 시작할 수 있다. 1인 기업이 모든 일을 혼자 한다면 자신이 급한 일이 생기거나, 아프거나, 여행을 갔을 때 제대로 업무처리를 할 수 없다. 고객들에게도 큰 혼란을 줄 수 있으므로 혼자서 모든 일을 하면 대표와 이용하는 고객 모두가 힘들 것이다.

아웃소싱(Outsourcing)은 기업 업무의 일부 프로세스를 경영 효과 및 효율의 극대화를 위한 방안으로 제3자에게 위탁해 처리하는 것을 말한다. 그렇다면 대학생 창업에 아웃소싱은 어떻게 적용해야 할까?

어떤 창업을 하나에 따라 다르겠지만 기본적으로 대학생들은 기술이 부족한 경우가 많다. 전문인력, 기술이 필요한 경우 자신이 하는 것보다 아웃소싱을 하는 것이 좋은 결과를 얻고 고객들의 만족감도 커진다. 둘째로 초기자본이 큰 사업, 예를 들어 내가 하는 돌직구 배송대행지다. 해외에서 배송대행지를 설립하고 운영하기 위해서는 많은 비용이 필요하고 고정인력이 있어야 한다. 그렇다고 포기할 수 없다. 대학생 창업가가 돈이 어디 있어서 이런 일을 시작할 수 있을까?

해답은 아웃소싱이다. 기존에 있는 배송대행지와 제휴를 맺는 것이다. 하지만 주의해야 할 점은 가격, 편리성, 혜택 등의 조건이다. 고객들은 바보가 아니다. 같은 상품과 서비스를 여러 업체에서 제공한다면 가장 저렴하거나 편리성 등을 따질 것이다. 나는 일반 고객이라면 누구나 사용할 수 있는 배송대행지가 아닌 사업자 전용 배송대행지와 제휴를 맺었다. 이 업체들은 서비스가 좋지만 일반 고객들은 이용할 수 없었다. 그래도 고객들에게는 최소한 비싼 요금이 아닌, 다른 곳들과 비슷하거나 저렴하게 책정했다. 덕분에 돌직구는 좋은 가격과 서비스를 제공할 수 있어서 많은 고객들에게 호평을 받으며 성장하고 있다.

하지만 아웃소싱을 할 때에는 주의할 점이 많다. 나 역시 많은 업체리스트를 보고 선정했는데, 가장 중요하게 생각한 것은 업무처리 능력, 신뢰성, 소통, 가격, 서비스다. 아웃소싱업체가 업무를 할 때 일이 지연되면 고객들은 떠나기 쉽다. 문제가 생겼을 때 소통이 늦는다면 고객들의 불안감은 더욱 커진다.

만약 가격이 높다면 고객의 마음에 들지 않는 상황이 왔을 때 다른 업체로 이탈할 가능성이 커진다. 신규 유저를 지속해서 확보하기 위해서는 가격도 중요하다고 생각했다. 물론 서비스도 중요하다. 다른 업체와는 다른 차별화된 서비스를 제공해야 고객들이 만족한다. 고객을 감동시킬 수 있어야 재구매를 유도하므로 차별화된 서비스는 필수 조건이다. 이렇게 선순환이 되어야 사업이 지속되고 성장한다. 아웃소싱업체를 선정할 때에는 본인의 창업에 필요하다고 생각하는 기준을 정해야 한다. 업체를 선정하면 장기적으로 도움이 되니 잘 활용할 수 있도록 감각을 키워야 한다.

영국지사 성수기 1일 입고물량

우리나라는 택배시스템이 아주 잘 되어있다. 오늘 배송을 시작하면 거의 대부분은 다음날 도착한다. 하지만 만약 사업자가 고객에게 직접 배송한다면 어떨까? 고객들이 제주도, 부산광역시, 광주광역시, 대전광역시, 대구광역시, 서울특별시 등 각자 다른 곳에 살고 있는데 사업자가 상품을 직접 운반하면 다른 일을 할 수가 없고, 많은 시간과 비용이 필요할 것이다.

하지만 택배를 전문배송업체에 맡기면 돈과 시간이 절약되고 고객들도 빠른 배송으로 만족하게 된다. 이제 자기 일을 왜 다른 업체에 맡겨야 하는지 알겠는가? 1인 기업가들이 성장하기에 꼭 필요한 아웃소싱, 여러분은 혼자가 아니니 마음껏 창업의 날개를 펼치기 바란다.

당신은 진짜 창업과 가짜 창업에 대해 들어본 적 있는가? 나는 학교에 다니면서 3년 동안 여러 창업행사, 창업교육, 공모전, 지원사업 등에 참여했다. 많은 대학생 창업가를 만났고 이상한 점을 발견했다. 많은 학생들이 진짜로 창업하는 게 아니라 일명 가짜 창업을 하는 거다.

진짜 창업은 학생들이 돈을 벌기 위해 사업자 등록증을 내고 모험창업, 생존창업 등 성공, 실패와 상관없이 도전해보고, 공모전이나 지원사업에도 참여해서 아이디어 검증도 해보고, 자금을 확보해서 회사를 운영하는 것이다. 성공이냐 실패냐는 중요하지 않다.

가짜 창업은 겉으로는 창업한다고 하지만, 아이디어만 가지고 모임을 만들어 공모전, 지원사업에만 도전하고 좋은 성과가 있더라도 그대로 흐지부지 끝나고 만다. 공모전과 지원사업에서 좋은 결과를 얻고, 자금을 확보한다면 그 창업아이템을 밀고 나가는 추진력과 도전정신이 필요하다. 분명 더 성장할 수 있었을 텐데 이렇게 제대로 시작조차 하지 않고 그만두는 경우가 많다. 그렇다면 대학생 창업가들이 가짜 창업을 하는 이유는 무엇일까?

요즘은 인터넷 '홈택스' 사이트를 통해 누구나 쉽게 사업자 등록을 하고 사장님이 될 수 있다. 그렇다면 많은 학생들은 왜 진짜로 창업해볼 생각은 안 하고, 조금 하다가 그만두게 되는 것일까?

내 생각에는 대학생 창업을 시작하면 얻게 되는 혜택을 누리고 싶지만 작은 위험이라도 부담하기 싫어서 그만두는 것 같다. 예를 들어 대학생 창업동아리로 창업을 시작한다면 스펙이 되기도 하고, 지원금을 받을 수 있기 때문이다. 게다가 공모전에서 좋은 성과가 있다면 스펙이 추가되고 수상금은 N분의 1로 나누어 용돈이나 창업비용으로 사용할 수 있다. 무엇보다도 팀원들과 아이디어를 나누고, 사업계획서를 작성하는 데 재미를 느껴 시작할 수도 있다. 아니면 진짜 창업을 하겠다고 다짐했지만, 막상 수상금을 받으면 마케팅이나 아이디어를 사업화하는 데 투자하기에는 아깝게 느껴지거나 돈을 날릴까 봐 두려운 것이다.

나는 대학교에 다니면서 진짜 창업을 했다. 1인 기업도 해보고, 창업동아리 활동도 했다. 기획, 재무, 회계, 마케팅, 영업, 고객관리 등 모든 운영을 해봤다. SNS는 블로그, 페이스북, 인스타그램 모두 운영하고 있다. 사람들은 의문을 갖는다. 많은 일을 혼자 하는 게 가능한지 힘들지는 않은지 말이다.

내가 분명하게 느낀 건 아르바이트하는 것보다는 훨씬 힘들지 않고 재미있고, 나의 가치가 높아진다는 점이다. 공모전, 지원사업에 도전해서 떨어지더라도 요즘은 아무렇지 않다. 다른 대학생들이 가지고 있지 않은 좋은 경험이 생겼고 경력이 되기 때문이다. 가짜 창업을 하는 학생들과의 큰 차이점은 내가 실전에서 창업하고 있다면 그들은 수박 겉 핥기를 하는 것이다. 그들이 창업하면서 생각하고 고민할 때 나는 이미 실행했다. 경험해서 결과를 얻어내어 앞으로 나아가고 있다.

나 역시 창업할 때 마케팅에 드는 비용, 불필요한 비용 등이 나가는 게 아까워서 최소화하려고 했다. 지금 상황에 만족하여 마케팅이나 새로운 도전을 하지 않으려고도 했었다. 하지만 결국 과감하게 광고 및 홍보를 하며 마케팅비를 사용했고, 여러 가지를 시도했다. 나의 사업에는 어떤 것이 효과가 있는지를 분석하면서 성장하게 되었다.

대학생들이 창업을 두려워하고 어려워하는 것은 누구나 마찬가지다. 지금 바로 진짜 창업을 하라는 것은 누군가에게 부담이 될 수 있다. 그렇다면 나는 가짜 창업을 먼저 시작해보고 그 다음 진짜 창업을 해보라고 권하고 싶다. 진짜 창업을 할 생각이 없더라도 막상 해보면 좋은 결과를 얻을 수 있고, 이에 매력을 느끼고 자신감이 생겨 창업에 대한 의지가 생기기 때문이다. 많은 사람들이 해보지 않아서 그렇지, 막상 하면 생각이 달라질 것이다. 그리고 자신감이 생겼을 때 본격적으로 사업화해서 마케팅하는 것도 방법이다.

투자대비 수익률이 괜찮거나 성장 가능성이 보인다면 투자비용을 높여 수익을 늘려 가면 멋진 창업을 쉽게 할 수 있다. 진짜 창업을 하면서도 공모전, 지원사업에 지속적으로 도전하자. 내가 창업하면서 느낀 것은 아무리 할 일이 많고, 어려워 보여도 하나씩 해결하면 언젠가는 해결되고 되돌아보면 보람을 느낀다. 그렇게 첫발을 딛기는 어려울지라도 몇 걸음 걸어보면 출발선이 보이지 않을 정도로 멀리 온 자신을 발견하게 될 것이다.

사실 진짜 창업, 가짜 창업 모두 창업을 시작해서 대학생 사장님이 되었다는 것 자체가 대단하다. 남들이 어렵다고 한 것을 시작했기 때문이다. 어떤 학생은 창업에 관심이 없지만 취업하기 위한 스펙 수단으로 가짜 창업을 한다. 그 학생도 학생대로 잘한 선택이라고 생각할 것이다. 창업을 시작했다고 꼭 마무리도 창업만 하라고 할 수 없기 때문이다. 나 역시도 학생들에게 말하고 싶은 것은 대학 생활하면서 취업이라는 문만 보지 말고 창업의 문을 단 한 번이라도 두드려보고 경험해보라는 것이다. 그렇게 한다면 보이지 않던 취업의 문이 열리기도 하고 창업의 문이 열릴 수도 있다.

　내가 창업하면서 느낀 점은 처음에는 막막했지만 한 단계씩 문제를 해결하고 나아가다 보니 자연스럽게 연결고리가 생긴다는 것이다. 예를 들어 나는 대학생 창업가에서 강사, 그리고 멘토가 되었고, 지금은 책을 쓰는 저자가 되었다. 10년 후 내가 어떻게 될지 모르겠지만 분명 예전보다는 더 나은 삶을 살고 있을 것이라고 자신한다. 이 책을 읽는 독자 역시 창업이나 취업했을 때 좋은 성과가 따라올 것이다. 대학생 창업은 누구나 즉시 시작할 수 있으니 자신감을 가지기 바란다.

전 세계적으로 많은 사람들이 사용하는 스마트폰 애플을 창업한 스티브 잡스는 사람들의 생활을 변화시켰다. 스타트업에서 대기업으로 성공한 마크 저커버그의 페이스북 역시 많은 사람들에게 창업에 대한 가능성을 보여주며 동기부여 했다. 하지만 우리나라에서 대학생 창업을 시작할 때 그들처럼 자신의 아이디어만 믿고 인생을 건다는 것은 위험한 일이다. 물론 모든 것을 걸어서 창업을 시작해 성공할 수 있다. 하지만 이 책에서 계속 강조하는 부분은 작게 시작해서 점차 성장하라는 것이다.

만약 당신이 스티브 잡스라고 생각하면서 창업하다가는 금방 포기하고, 망할 수도 있다. 그들은 전문지식을 갖추었고, 좋은 환경에

대학생
사장님

서 아이디어를 생각하고, 좋은 대학교에 다닐 정도의 학업능력, 추진력, 도전정신, 타이밍 등이 적절하게 잘 맞았기 때문이다. 내가 하고 싶은 이야기는 창업을 누구나 시작할 수 있다고 쉽게 생각하지 말고, 객관적인 시선으로 자신의 사업을 바라보아야 한다는 점이다. 성공한 창업자들에게는 보이지 않는 피눈물과 그만큼 노력이 있었다는 것을 알고 시작해야 한다.

요즘 인터넷의 발달로 누구나 집에서 사업자 등록증을 쉽게 발급받아 사장님이 될 수 있다. 하지만 대학생 창업은 누구나 할 수 있지만 아무나 잘할 수 없다. 앞서 얘기했듯이 우리나라의 폐업률은 매우 높다. 만약 아무나 시작해서 성공했다면 모든 사람들이 창업했을 것이다. 그렇다면 어떤 자세로 대학생 창업을 시작해야 할까?

대학생들은 자신의 취미나 경험, 지식을 살려서 창업을 시작하면 좋다. 자신이 잘 아는 분야, 잘할 수 있는 분야 말이다. 하지만 무턱대고 시작하면 망할 수 있다. 자신이 좋아한다고 다른 사람들도 좋아할 거라고 생각하면 안 된다. 나는 지금도 대학생 창업을 하고 있고, 많은 학생들과 창업에 관해 이야기했다. 그중 열심히 잘하는 학생들도 있고, 열심히는 하지만 오랜 기간이 지나도 성과가 없는 학생들이 있다. 끝내 실패하는 학생들에게서 여러 특징을 발견했다.

실행력이 부족하다.

실행력 부족은 많은 사람들에게 발견된다. 생각은 많지만 결국 실행하지 않아서 결과를 제대로 보지 못하고 실패하는 경우이다.

목표가 지나치게 크다.

너무 큰 목표는 현실성이 떨어진다. 누구나 스티브 잡스가 되겠다는 생각으로 창업을 시작하지만 사람들의 무관심과 지원사업, 공모전 탈락으로 좌절하여 포기하는 사람들이 많다.

다른 사람들의 말을 귀담아듣지 않는다.

창업하면서 고집이 센 것은 장점이 될 수 있지만 자칫 독이 될 수도 있다. 다른 사람들의 조언을 들어보면 객관적인 시선에서 사업을 분석해볼 수 있어서 시간과 돈이 낭비되지 않으니 이야기를 경청해보고, 왜 그렇게 생각했을까? 고민해봐라.

창업에 투자하는 시간이 너무 적다.

아무래도 대학생 창업이다 보니 학교생활, 스펙관리, 아르바이트 등을 하면서 창업을 시작해서 시간이 부족할 수 있다. 하지만 그 시간이 너무 적다 보니 속도가 느리고, 의지도 사라지고, 흐지부지 끝나고 만다.

진짜 창업보다 지원사업, 공모전에 초점을 맞춘다.
창업해서 돈을 벌어야 하는데 많은 대학생 창업은 너무 지원사업과
공모전에 초점을 맞춘다. 따라서 제대로 된 고객을 확보하지 못하고,
시작도 하지 못한 채 끝나는 경우가 많다.

5가지 내용을 읽다 보면 본인이 해당한다고 생각하지 않는가?
그렇다면 지금부터라도 행동을 변화시킬 필요가 있다.

요즘 인터넷, 유튜브, 책에서는 창업에 대한 많은 자료가 업로드
된다. 월마다 수천만 원, 수억 원을 번다고 홍보하며 자신의 사업으
로 끌어들인다. 하지만 그중에서 많은 사업은 이미 시작하기에 늦
다. 실제 성공하는 사람들은 100명 중 1명, 1,000명 중 1명이라고
이야기할 정도로 레드오션이다. 요즘 20대부터 제2의 인생을 꿈꾸
며 직장을 은퇴한 40~60대 예비창업자까지 인터넷에 나오는 소자
본 창업에 도전하여 수십만 원에서 수백만 원을 투자하지만 정작
월 수십만 원도 못 버는 사람들이 대다수다. 노력해서 많은 시간과

돈을 지불하지만 결국 포기하고 만다.

결국 시작은 누구나 해도 아무나 성공할 수 없다는 뜻이다. 나도 계속해서 사업영역을 넓히기 위해 여러 동영상, 책, 인터넷 카페에서 정보를 얻고 있는데 누구나 성공할 수 있고 투자 대비 수익이 지나치게 높은 것은 피하려고 한다. 그러한 소자본 창업은 실제로 도전했다가 수개월이 지나면 돈만 날리고 실패한 사람들이 많다. 물론 그분들이 잘하지 못했거나 노력이 부족할 수 있지만, 결국 쉽게 성공하는 창업은 없다는 것을 깨닫기 바란다.

이번 장에서는 창업할 때 해서는 안 될 태도와 마음가짐에 대해 이야기했다. 만약 당신이 하려는 창업의 성공률이 10명 중 1명만 성공한다고 했을 때에도 도전할 의지가 있는가? 만약 이 질문에 단호하게 Yes라고 대답한다면, 창업을 시작해도 잘할 것이다. 나는 창업할 때 제일 중요한 마음가짐은 '절박함'이라고 생각한다. 절박함이 있으면 작은 것에도 감사하고, 꾸준히 노력하게 된다. 어떻게 해서든 문제를 해결하려고 해서 불가능할 것 같은 일도 해내게 될 것이다.

우리나라에서도 스타트업으로 시작하여 훌륭한 1인 기업부터 중소기업, 중견기업, 대기업까지 성장한 회사들이 많다. 이렇듯 많은 대학생들에게도 각자의 잠재력이 있다고 생각한다. 다만 창업에 겁을 준 이유는 자신의 능력을 너무 간과하고 소홀히 하거나, 위험하게 창업을 시작하지 말라는 것이다. 내 말이 도움 되었기를 바라며 멋진 대학생 사장님이 되기를 기대해본다.

대학생 대부분은 20대 초중반으로 나이는 성인이지만 아직 돈을 제대로 벌지 못해 사회적 위치가 약간 어중간하다고 느껴질 수 있다. 어렸을 때는 군인을 군인 아저씨라고 생각했다. 군인이 되고 보니 고등학교를 막 졸업한 친구들부터 대부분 20대 초중반의 나이로 군인 아저씨가 아닌 친구, 동생, 형이었다. 이렇게 막상 나이를 먹게 되니 대학생, 군인 등 20대 초반은 아직 어리다. 반대로 긍정적으로 생각해보면 이제 막 사회에 첫발을 내디딘 젊고, 패기 넘치는 20대 청춘이다. 창업해서 성공하면 인생이 바뀌고, 실패해도 학교로 돌아갈 수 있는 어쩌면 마지막 기회인데 왜 망설이는가?

앞서 말했다시피 대학생은 더 넓은 사회로 가기 위해 준비하는 시기이며, 많은 것을 도전할 기회를 가지고 있다. 그렇다고 무작정 창업을 시작한다면 실패하는 순간 시간만 날리고 빚더미에 앉을 것이다. 지금부터 실패해도 망하지 않고, 조금 더 성공에 가까워지는 대학생 창업방법을 알아보자. 경험을 토대로 4차 산업혁명에서 어떻게 창업해야 성공에 가까워지는지 나만의 노하우를 알려주겠다. 실패해도 절대 망하지 않고 다시 학교로 돌아갈 수 있는 방법으로 내가 만든 '4.0 대학생 창업 매뉴얼'을 공개하도록 하겠다.

무자본, 소자본 창업으로 시작할 수 있어야 한다(최소 0원~ 최대 500만 원).

평범한 대학생들은 경제적으로 여유가 없으므로 자본이 많이 필요한 창업은 추천하지 않는다. 돈이 필요하다면 공모전과 지원사업에 집중하여 자금을 조달하기 바란다. 대학생들도 수천만 원을 지원받는 경우도 많다. 주변에서 자금을 빌리거나 대출 등은 창업이 실패했을 때 타격이 크기 때문에 추천하지 않는다.

고정비용을 최소화한다(매출이 적어도 감당할 수 있는 수준).

고정비용이 많이 들고, 매출이 일정수준 이상이 나오지 않는다면 적자가 계속 발생한다. 많은 자영업자들이 회사의 수명을 일시적으로 연장하기 위해 대출하는 경우가 많은데 결국 폐업하는 경우 빚더미에 앉게 된다. 고정비가 매달 부담될 정도로 발생하면 심리적인 압박감이 커서 사업에 영향을 끼칠 수 있다. 대학생 창업은 학교, 도서관, 집, 창업보육센터, 동아리실, 카페 등을 활용하여 임대료 없이 시작할 수 있다. 인적자원이 필요하다면 직원을 바로 고용하는 것보다 첫 시작은 창업팀원을 구해서 시작하는 것이 좋다.

시장이 점차 커지는 유망산업을 알아보자.

유망산업이 아닌 산업은 현재는 어느 정도 수요가 있다고 해도 매출이 계속 줄어들 가능성이 높다. 성숙기가 지난 산업은 이미 많은 기업들이 시장을 점유하고 있고 경쟁도 치열해서 경영자원이 부족한 스타트업은 틈새시장을 공략하기도 어렵다. 하지만 유망산업에서 창업한다면 스타트업도 틈새시장 공략이 가능할 뿐만 아니라 큰 사고가 있지 않은 이상 흐름과 같이 사업을 성장시킬 수 있을 것이다.

학교에 다니면서도 언제 어디서든 일할 수 있어야 한다.

대학생은 오전, 오후, 야간 요일별로 수업시간이 다르다. 만약 오전 9시부터 오후 6시까지 몰두해야 하는 일이라면 학교, 창업 둘 중 하나는 포기해야 한다. 하지만 창업하고 실패할 수 있기 때문에, 최악의 상황에 취업을 대비하여 학업을 포기해서는 안 되며, 두 마리 토끼를 모두 잡을 필요가 있다. 영업시간을 조정하거나, 아웃소싱, 팀원모집, 자동화, 쉬는 시간 활용 등으로 최대한 학교에 다니면서 창업을 같이하는 것이 좋다.

위 내용을 읽어보면 많은 예비창업자들은 '저런 창업이 어디 있어 거짓말이지. 그게 진짜면 개나 소나 창업한다'라고 생각할 수 있다. 지금까지 자신들이 생각한 것과는 전혀 다른 이상적인 창업이기 때문이다. 하지만 실제로 위의 내용처럼 창업을 시작하는 사람들은 전 세계적으로 많다. '디지털 노마드'라는 용어도 생기지 않았는가? 그들은 인터넷과 노트북만 있으면 전 세계를 여행하면서 자신만의 일을 하는 사람들이다. 국내에서도 이와 관련된 많은 모임이 생겼고 인터넷 카페의 경우 회원 수도 꾸준히 증가하고 있다. 일본에서는 프리랜서 인력이 1,100만 명이 넘었다고 한다. '4.0 대학생 창업 매뉴얼'은 학교생활을 해야 하는 평범한 대학생들의 입장으로 큰돈을 버는 것이 목표가 아니다. 적어도 아르바이트하는 것보다 돈을 잘 벌거나 직장인 수준, 그 이상이 되는 것이 목표다.

나는 해외직구 플랫폼으로 미국, 영국, 프랑스, 독일, 일본지사를 통한 구매대행·배송대행 '돌직구' 사업을 단돈 200만 원에 시작했다. 이 이야기를 하면 많은 사람들이 해외지사 임대료, 인건비, 운영비 등 돈이 많이 필요할 텐데 어떻게 운영하는지 궁금해한다. 나는 전문업체를 통해 5개국 해외지사 배대지를 제휴하였고 초기자본을 최소화하여 창업하게 되었다. 현재까지도 추가 비용 없이 잘 운영하고 있다. 또한 이번에 시작한 한정판 정품 구매대행 쇼핑몰 '슈타쿠'는 디자인비용, PG사 가입비, 보증보험비를 포함하여 총 50만 원 미만으로 창업을 시작했다.

고정비용을 최소화했다. 나는 1인 기업으로서 사무실이 집이라 임대료가 없다. 사업용 전화는 저가통신사를 통한 저가요금제를 사용했고, 일 년에 한 번 도메인 연장 약 1만 원대, 보증보험비만 내면 된다. 사업이 잘되지 않아도 다른 사업보다 상대적으로 부담이 적어 불안하지가 않다. 최소 한 달에 1개의 주문만 들어오더라도 흑자다.

내가 창업을 시작한 2016년 '현대경제연구원'은 해외직구 시장을 유망산업으로 보고 2020년도까지 급격하게 성장할 것으로 전망하였다. 실제로 지금도 지속해서 규모가 커지고 있다. 따라서 유망산업에서 창업하다 보니 틈새시장 공략이 가능했고, 나의 사업이 성장하는 원동력이 되었다고 생각한다.

나의 업무는 인터넷만 있으면 장소가 바뀌어도 즉시 일할 수 있었다. 경기도 광주에 있는 본가, 충주에 있는 나의 자취방, 학교 도서관, PC방, 심지어 스마트폰으로 일할 수 있다. 버스와 전철에서도 심지어 수업 중에도 업무가 가능하다. 국내에서는 서울특별시, 인천광역시, 경기도, 전라도, 충청북도, 대구광역시, 대전광역시, 부산광역시, 세종시 등 해외에서는 중국, 일본 등을 여행하면서 일했고 이로 인해 업무에 문제가 생긴 적은 없었다.

2018년 8월 국세청에 따르면 자영업 폐업률은 87.9%를 기록했다고 한다. 많은 자영업자들이 수천만 원, 수억 원을 투자해서 창업을 시작했지만 끝은 좋지 않은 경우가 많다는 것을 알 수 있다. 이렇게 창업이 어려운데 대학생들에게 시작부터 무작정 위험한 창업을 하라는 것은 무책임한 발언이다. 하지만 내가 말하는 창업은 앞에서 말한 매뉴얼처럼 실패해도 망하지 않고 학교라는 울타리로 다시 돌아갈 수 있는 방향을 나타내주는 나침반일 뿐이다. 많은 대학생들이 회사라는 큰 배를 운행하는 선장이 되어 대학생 사장님으로 성공하는 날이 왔으면 좋겠다.

대부분의 대학생들은 취업만 생각하며 창업, 자영업자를 남의 이야기로만 생각한다. 하지만 더 이상 남의 이야기가 아니다. 우리나라는 공무원이 아닌 이상 많은 사람들이 살면서 대부분 창업을 경험하기 때문이다. 정년퇴직하거나 개인 사정에 따라 평생 한 회사에 다닐 수 없다. 100세 시대라고 불리는 시대에서 생계를 위해서라면 부족한 노후준비와 연금으로는 생활이 어려워서 일을 해야 할 텐데, 취업은 어려우니 모아 놓은 돈으로 창업을 시작하게 되는 것이다.

　최근 중년기 분들에게 치킨집, 편의점, 카페, 프렌차이즈 창업, 소자본 창업이 대세로 떠올랐고, 퇴직금으로 창업을 시작했다가 폐업한 사례 또한 쉽게 볼 수 있다. 그렇다면 언젠가 창업해야 한다면 젊은 나이인 20대에 미리 경험해보는 것이 좋지 않을까? 20대 대학생 창업은 실패해도 잃을 게 적고, 다시 재기할 시간적 여유가 있다. 경험이 쌓이면 분명 미래에 도움이 될 것이다.

백문불여일견(百聞不如一見)

: 백 번 듣는 것이 한 번 보는 것보다 못하다는 뜻으로, 직접 경험해야 확실히 알 수 있다는 말

만약 당신이 평생 일하면서 모은 전 재산으로 중년기에 수천만 원, 수억 원을 가지고 창업해야 한다면 어떨까? 분명 열심히 할 것이다. 하지만 열심히 한다고 수천만 원, 수억 원이 사라지지 않고, 사업이 잘되리라 보장할 수 없다. 중년기에 창업을 시작하는 분들은 대부분 열심히 한다. 부양해야 할 가족이 있고, 가장이라는 책임감, 자신에 대한 가치를 느끼기 위해서 창업에 많은 노력을 할 것이다. 하지만 이들 중 많은 분들은 창업하고 어려운 시기를 보내다가 폐업하고 만다. 대부분은 창업에 대한 경험이 없기 때문이다. 어떤 창업이 좋고 나쁜지 판단을 못하고, 사업설명회를 갈 때마다 강사

들이 하는 사탕발림 이야기를 믿고 자신도 그렇게 될 수 있다는 자신감에 시작한다.

하지만 20대에 창업을 시작해서 여러 아이디어로 많은 시행착오를 겪은 사람들은 다음에 제대로 창업을 시작할 때 실패하지 않을 확률이 더 높다. 그들은 남들과 다른 의지로 아이템을 다른 시각으로 보고, 사업설명회에 가더라도 방어자세로 듣기 때문이다. 이렇게 대학생 창업은 미래 자신의 돈을 지켜주고 성공적인 창업을 위한 좋은 밑거름이 될 것이다. 잃을 것도 없고, 실패해도 망하지 않는 대학생 창업, 빨리 시작할수록 좋다.

나는 2015년 12월에 제대하고 2016년 3월, 대학교 2학년으로 복학했다. 사회에 나온 지 얼마 되지 않은 그해 5월, 사업자 등록증을 발급받고 창업을 시작하게 되었다. 수중에 가진 돈도 없고, 아는 지식도 없었다. 하지만 하나씩 배워가면서 내 자리를 지키면서 열심히 하기로 마음먹었다. 첫 주문으로는 친구의 부탁으로 역도화 구매대행을 진행했다. 견적서도 서툴게 만들었지만, 결국 성공하며 자신감이 생겼다. 친구들 사이에서는 해외직구 창업을 하는 유일한 대학생 사장님으로 통했다. 나와 친하지 않은 친구들도 해외직구를 고려해볼 만한 상품이 있다면 SNS를 통해 가격문의도 하고 구매대행을 요청했다.

이렇게 남들이 하지 않는 일을 하게 된다면 주변 친구들 사이에도 자연스럽게 입소문을 타기 시작하면서 주변인들을 고객으로 만들 수 있다. 지금은 창업 4년 차가 되면서 어느 정도 인지도가 쌓였고, 여러 단골고객이 생겼다. 이렇게 남들보다 먼저 창업을 시작하면 얻는 것들이 많다. 이러한 경험 자체는 많은 사람들이 하지 않는 일이라 나만의 새로운 무기가 되었고, 강사와 저자까지 될 수 있었다.

2017년 우리나라와 해외에서는 암호화폐, 가상화폐인 비트코인부터 여러 알트코인이 열풍이었다. 24시간 거래가 되고, 수익률이 높고, 대박 난 사례가 계속해서 인터넷에 떠돌다 너도나도 할 것 없이 빚내서라도 비트코인에 투자했다. 〈그것이 알고 싶다〉에서는 촬영을 하는 도중에도 수십억 원의 수익이 발생한 장면도 나왔다. 하지만 2018년이 되면서 큰 하락장이 있었고, 늦게 투입한 사람들은 큰 손실이 생겼다. 내 주변에도 남들보다 먼저 비트코인 투자를 시작해서 큰돈을 번 친구가 있지만 늦게 시작해서 큰 손실을 본 친구들이 더 많았다. 비트코인 투자도 일찍 시작한 사람들이 돈을 벌었다.

대학생 창업도 20대에 시작한 만큼 단기적, 장기적으로 일찍 시작할수록 도움이 된다고 생각한다. 사례로 비트코인에 관해 이야기한 것은 분위기를 말해주기 위함으로 창업도 일찍 시작하는 것이 좋다는 것을 알려주고 싶었다. 돈도 벌어본 사람이 번다고, 대학생 창업을 해보고 다른 곳에 취업했다가 30대에 창업을 시작하는 청년사업가도 많다. 그분들은 회사에서 느끼고 배운 지식과 적절한 자본으로 창업을 시작했다. 내가 본 30대 창업가 중 대학생 때 창업을 경험한 분들이 좋은 성과를 냈다.

이 책에서는 최대한 자기 자본을 적게 투자해서 창업을 시작하는 이야기를 주로 다루지만, 일부 학생들은 크게 사업하고 싶어한다. 내가 그들에게 조언해줄 수 있는 건 자신이 감당할 만큼만 투자하라는 것이다. 창업해보면 어려움이 많다. 투자한 돈이 0원이 되더라도 다시 일어날 자신감이 있다면 투자하는 것을 말리지는 않겠다. 분명 사업하다 보면 큰돈이 필요하거나, 성공할 확률도 있기 때문이다. 실패해도 망하지 않는 대학생 창업은 누구나 시작할 수 있으니 언젠가 창업을 시작해야 한다면 지금 바로 도전해보는 것을 추천한다.

학교 도서관에서 우연히 황동명 저자의 『나는 최고의 일본 무역 상이다』를 읽었다. 이 책은 나에게 새로운 창업을 할 수 있다는 자신감을 주었다. 황동명 저자는 대학생 때 친구들과 일본 오사카여행을 가게 되었는데 돈이 없어서 배와 숙박까지 25만 원으로 모두 예약할 만큼 경비를 아꼈다. 그러다 우연히 일명 보따리상이라 불리는 사람들을 만나게 되었고, 그것이 인생이 바뀌는 계기가 되었다. 한국에 와서 부모님을 설득해서 1년만 창업해보고 잘되지 않는다면 포기하고 학업에 전념하기로 약속했다. 상품을 구매하기 위해 아르바이트하면서 돈을 모았고, 힘든 환경 속에서도 일본 소호무역을 시작하였다. 지금은 많은 창업자를 양성하는 전문가가 되어 일본,

중국 등으로 창업 해외연수를 하고 계신다.

처음에는 일본어, 무역, 장사에 대한 지식이 없이 300만 원으로 시작했지만, 지금은 수억 원대 매출을 올리는 무역상, 창업컨설턴트가 된 것이다. 이렇게 소자본으로 창업을 시작하는 것만큼 대학생은 실패해도 망하지 않기 때문에 창업하기 제일 좋은 시기라고 생각한다. 그리고 이제는 여러분이 그 주인공이 될 차례이다.

대학생 소자본 창업이 좋은 이유에 대해 간단히 설명하자면 누구나 시작할 수 있고 망하지 않기 때문이다. 창업해본 많은 사람들이 창업하지 말라는 이야기를 하는 이유 중 하나가 많은 돈이 필요하고 폐업하지 않기 위해 계속 대출하다가 빚더미에 앉게 되기 때문이다. 소자본으로 창업을 시작하면 한 달에 주문이 1건만 들어와도 손해를 보지 않을 수도 있다. 하지만 일반 자영업자들은 고정비가 크고 일정 매출 이상이 발생해야 하기 때문에 많은 어려움을 겪는다.

나는 고정비도 거의 없고, 초기자본도 적고, 대학생들이 잘할 수 있는 소자본 창업을 추천한다. 학생들이 창업이 잘되지 않더라도 학업에 열중할 수 있고 일상생활에 영향을 주지 않기 때문이다. 반대로 만약 창업이 잘된다면 지금보다 더 여유 있는 대학생활을 할 수 있을 것이다. 맛있는 음식을 먹고, 해외여행을 가고, 좋은 옷을 입고, 나중에는 자동차도 끌고 다니는 멋진 대학생이 될 수 있다. 그리고 소자본 창업이기에 대학 시절 다양한 창업을 경험해볼 수도 있다. 동시에 여러 개를 시작하면 어렵지만 하나의 창업이 안정화되면 다른 창업을 시작하여 여러 사업을 운영하는 대학생 소자본 창업, 한번 해보고 싶지 않은가?

대학생 소자본, 소자본 창업 어떻게 해야 할까?

인터넷에 '소자본 창업'이라고 검색해보면 매우 다양한 글이 올라온다. 그중에는 너무 질이 떨어지는 광고가 대다수를 차지한다. 정말 생계를 위한 일반 대학생이 도전하기에는 아까운 시간과 돈을 요구하는 자료가 많다. 모두 분야는 다양하지만 달콤한 말로 대학생들을 끌어들인다. 그중 다단계도 많이 볼 수 있고, 재택근무부터 화장품, 생활용품, 교육, 마케팅 등이 있다. 불법 다단계가 아니라 일반 다단계라면 나쁘다고 생각하지는 않는다. 내 주변 대학생 중에서도 한때 다단계라 불리는 네트워크 마케팅을 하는 친구들이 있었다. 하지만 그렇게 사업을 시작하고, SNS에 다양한 홍보를 했지만, 결국 1년 정도 지난 후에는 대부분이 포기하고 다시 학생으로 돌아오는 것을 많이 봐왔다. 그렇다면 소자본 창업은 어떻게 시작하면 좋을까?

내가 새로운 창업을 할 때 제일 중요시 생각하는 것 중 하나는 초기비용, 고정비, 시장조사, 경쟁사 분석 등이다. 어떤 학생들은 창업을 시작하면 일반 음식점 오픈 행사처럼 사람들이 바글바글할 것이라 생각한다. 하지만 내가 말하는 소자본 창업은 대부분 온라인 창업으로 오픈 첫날에 인기가 폭발할 가능성은 적다. 어떠한 상품, 서비스, 애플리케이션이든 요즘에는 온라인으로 마케팅하고 이용하기에 0으로부터 시작한다.

나 역시도 일본 아마존, 라쿠텐 셀러를 시작하고 한 달이 넘어서야 첫 주문이 들어왔었다. 소자본 창업의 좋은 점으로 장사가 잘되지 않아도 적자는 없었다. 그래서 나는 불안함보다는 앞으로의 성장만을 생각할 수 있었다. 여러 가지 테스트를 해보면서 고객들 반응을 살펴 피드백했고, 매출이 증가하였다. 이러한 자신감으로 새로운 창업도 계속해서 할 수 있었다.

다른 사람에게 돈을 빌린 경험이 있는가? 그렇다면 갚을 때 기분이 어떤가? 분명 빌려준 사람에게 다시 돌려주는 것인데, 기분이 좋지 않을 수 있다. 만약 당신이 창업할 때 누군가 수천만 원을 빌려주거나 투자해준다면 어떤가? 처음에는 사업할 돈이 생겨서 좋을 것이다. 하지만 사업하다 보면 그 돈들은 심리적 부담감을 가져온다. 사업이 잘되지 않으면 그들은 적으로 돌아설 것이다.

물론 투자를 해서 잘되는 경우도 있지만 나는 일반 대학생들에게 무자본, 소자본 창업을 추천한다. 만약 당신이 창업하기 위해 300만 원을 모았다고 생각해보자. 그럼 어떻게 할까? 분명 당신의 창업은 300만 원이라는 제한된 돈으로 시작할 수 있는 창업을 할 것이다. 하지만 당신이 간절하게 생각한 사업아이템이 2천만 원이 필요하다고 생각해보자. 그 돈을 모을 것인가? 아니면 어떻게 해서든 최소한의 비용으로 시작해볼 것인가? 나라면 가지고 있는 300만 원으로 시작하려고 노력했을 것이다.

이렇게 무자본, 소자본 창업도 여러 가지 방법을 생각하다가 변형될 수도 있고, 완벽하지는 않지만 시작할 수 있다. 물론 무자본, 소자본 창업은 제한되는 부분도 있을 테지만 일정 수준의 비용이 필요하면 정부지원사업, 공모전에도 도전해서 자금조달을 하면 된다. 대출이나, 투자는 위험할 수 있어서 이 책에서는 다루지 않겠다.

이렇게 무자본과 소자본으로도 자신이 하고 싶은 창업을 해서 피해를 최소화할 수 있다면 대학생 창업은 절대 실패하지 않는다.

　대학생 때는 여러 모험을 해보는 것이 좋다. 실패도 해보고 성공도 해보는 것이다. 언제나 성공만 할 수는 없지 않은가? 그리고 이러한 과정을 거친 사람들은 분명 나중에도 좋은 결과가 있을 것이다. 지금 나이에 300만 원은 매우 많은 돈으로 여겨지겠지만, 10년후 이 책의 독자들에게는 적은 돈으로 여겨질 정도로 성장하기를 응원한다.

PART

주독야경,
실패해도 망하지
않는 대학생 창업

사람들은 언제 사고나 위험이 발생할 것을 대비해서 보험에 가입한다. 위험이 발생하면 보험금으로 보상받아 도움을 받는다. 다양한 보험들이 분야별로 있고, 사람들은 아직 발생하지도 않은 일을 준비하기 위해 여러 보험에 가입한다. 만약 보험이 없다면 무슨 일이 발생했을 때 비용이 많이 들어서 크게 어려움을 겪을 수 있기 때문이다.

내가 말하고 싶은 것은 대학생 창업에 대한 보험이다. 이 보험은 추가로 돈이 들지 않는다. 바로 학교 공부를 평소 하던 것처럼 열심히 하는 것이다. 대학생 창업을 하다가 어려움을 겪거나, 잘되지 않을 경우 언제나 학교로 돌아가 취업준비를 쉽게 할 수 있게 대비해야 하기 때문이다. 창업하다 보면 여러 스펙이 쌓일 수 있지만, 성적은 시간이 지나도 계속 기록으로 남고 수정이 되지 않아 시기를 놓치면 복구하기가 어렵다. 또 창업하다가 성적이 떨어지면 많은 학생들은 부담감을 느끼고 우울해질 수 있다.

내가 대학생 창업을 하면서 본 학생 A가 있다. 이 학생은 창업팀장으로 여러 학생을 이끌고 공모전을 준비했지만 수업에 매일 지각하고, 핸드폰만 들여다보고, 공부도 열심히 하지 않아 교수님에게 쓴소리를 들었다. 결국에 창업팀은 잘되지 않았다. 그 학생은 발전이 없고 성적도 좋지 않았으며 교수님들과 학생들에게 좋지 않은 시선을 받았다. 결국 창업을 핑계로 학교 공부에 소홀히 하게 된다면 주변 친구들, 교수님에게 좋지 않은 시선과 함께 자신의 보험을 잃게 된다. 대학생 창업의 보험은 비용이 들지 않으니 항상 미래를 잘 대비하면서 시작하기 바란다.

어떤 학생들은 창업하면서 이런저런 핑계를 대고 학교 공부를 제대로 하지 않는다. 조별과제에서도 다른 학생들에게 피해를 준다. 그들은 자신이 하려는 일에 학교수업이 전혀 도움이 안 된다고 생각하기 때문이다. 하지만 과연 그럴까? 비싼 등록금을 내고 공부하지 않고 창업만 할 거라면 차라리 휴학해서 창업에 집중하는 것이 좋다. 학교 공부는 뒤로한 채 창업만 하면서 다른 사람들에게 피해를 주는 행동은 하지 말아야 한다. 그들의 생각은 잘못됐다. 학교 공부는 창업에 충분히 도움되기 때문이다.

항상 수업 들을 때 창업과 연관 지어서 생각하여 도움이 되었던 분야가 많다. 예를 들어 창업론 수업에서는 사업계획서를 작성하는 방법을, 회계·재무관리·투자론 수업에서는 자금에 대한 감각을, 마케팅·고객관계관리 수업에서는 마케팅 방법을 실제로 적용했다. 그중에서도 고객관계관리 수업에서 많은 도움을 얻어 적용할 수 있었다.

바로 로열티 프로그램과 고객에게 특별한 인지와 처우를 해주는 것이다. 이 내용을 배우고 그날 바로 VIP 회원등급제를 만들었다. 그리고 회원들에게 '카카오톡 플러스 친구'를 친구 추가하고 이름을 남겨주면 VIP 등급으로 무료 업그레이드를 하겠다고 공지했다. 반응은 폭발적이었다. 이후 단골고객이 많이 생기게 되었다. 카카오톡 플러스 친구를 통해 고객 이름을 검색하면 바로 나타나서 고객에게 연락하는 시간이 단축되었다. 덕분에 업무시간을 효율적으로 관리할 수 있었다. 그리고 채팅이 1:1로 진행되다 보니, 고객들과 더 친근하게 소통할 수 있다고 생각한다. 이렇게 나는 창업하면서 대학수업에도 집중했고, 창업과 연관 지어 생각해보려고 했기 때문에 좋은 결과가 따라왔다.

만약 여기서 내가 수업을 소홀하게 들었다면 좋은 결과가 따라오지 못했고, 이 자리에도 있을 수 없다고 생각한다. 다른 대학생 창업 역시 보통 자신의 학과에서 배운 내용으로 시작하는 경우가 많다. 언젠가 발생할지 모르는 위험을 대비하기 위해서든, 자신의 창업에 도움이 되기 위해서든 학교에서 열심히 공부하면 많은 도움이 되리라 생각한다.

많은 사람들은 창업을 잘하고 있는 나에게 취업은 안 해도 될 것 같다고 자주 이야기한다. 그렇다면 나는 어떻게 답변할까? "언제나 취업할 준비도 하고 있습니다"라고 한다. 누군가는 "승승장구 성장하고 있는데 왜 자신감이 없냐?"라고 물을 수 있다. 하지만 이건 그것과는 다르다. 자신감은 크지만 만에 하나 내가 예측할 수 있는 범위 이외에 상황을 대비하는 것이다. 많은 사람들이 창업하면서 망할 수도 있다는 것을 나도 많이 듣고 자랐다. 지금 잘된다고 안심하고 방심한다면 위기가 닥쳐올 때 큰 혼란이 올 것이며 크게 휘청일 수 있다고 생각한다.

아직은 젊으니 항상 플랜 B를 생각한다. 언제 올지 모르는 위기에 조금은 흔들릴 수 있어도 피해를 최소화하기 위해서다. 길을 잘

못 들었다면 새로운 길을 바로 만들어서 개척할 수 있어야 계속해서 앞으로 나아갈 수 있다. 플랜 B를 생각하는 것은 나 자신에게 더 열심히 하고 도전할 수 있는 동기부여가 되고 성장하도록 해준다. 플랜 B는 내가 대학생 창업을 하는데 보험 역할도 해주고 있다. 창업하면서 항상 좋은 일만 있을 것이라고 생각하지 마라. 그렇다고 부정적인 생각만 하라는 것이 아니다. 긍정적인 생각을 하면서 창업하되 비상상황에 대처하는 능력을 갖추고 있으라는 것이다.

우리는 유치원부터 초등학교, 중학교, 고등학교를 졸업하고 대학교에 진학한다. 지금까지 공부만 했던 우리가 지금 다니는 대학교를 졸업하고 취업에 성공하면 휴식 없이 평생 일만 하게 될 수도 있다. 지식을 채우기 위해서는 개인적으로 시간을 내서 새벽, 저녁, 주말을 이용해서 학원에 다니면서 배워야 한다. 그런데도 많은 학생들은 대학교에서 수업시간에 잡생각과 행동을 많이 한다. 일명 출튀(출석하고 도망가기) 등을 하는 경우도 있다. 공부가 지겹게 느껴지고 도움이 되지 않는다고 생각하기 때문이다.

지금 배우는 것을 다시는 어디에서도 배우지 못할 수 있고, 귀한 시간을 낭비하는 행동이라는 것을 인지해야 한다. 대학생 창업을 더욱 성공하고 실패하지 않으려면 많은 것을 배우고, 겸손해야 하며, 작은 성공을 반복하는 것이 중요하다. 지금 많이 배우고 경험하면 10년 후 진정한 승자는 바로 당신이 될 것이다.

TV프로그램 MNET의 〈고등래퍼2〉 김하온, 이병재, 이로한 등 고등학생 래퍼들이 크게 이슈가 되었고, 사람들에게 큰 감동을 주었다. 랩을 좋아하지 않는 어른들도 욕하려고 봤다가 눈물을 흘렸다고 할 정도로 깊은 인상을 주었다. 그들은 고등학교에 다니다가 자퇴라는 어려운 결정을 하고 자신만의 길로 도전했기 때문이다. 처음 사람들의 시선은 따가웠다. 좁은 반지하 방에서 어렵게 생활했지만 지금은 소속사와 계약하고 래퍼로 열심히 활동하고 있다. 이때 사람들이 받은 감동은 어린 친구들이 어려운 환경에서도 자신이 하고 싶은 일을 위해 도전하는 모습이다. 사람들은 〈고등래퍼2〉에 출연한 래퍼처럼 어렸을 때부터 다른 사람들보다 더 특별한 존재가 되고 싶은 꿈을 꾸며 커왔다. 하지만 현실의 벽에 부딪쳐 기존 틀 안에서 대학교를 졸업하고, 취업해서 남들과 똑같이 살아간다.

나도 겪어봐서 안다. 당장 먹고 살기도 어려운데 누군가가 '다른 사람들과는 차별화된 사람이 되세요.' '남들이 Yes라고 할 때 아니오라고 하세요.' 등의 말을 들으면 '누가 몰라서 안해?'라고 생각했었다. 사실 남들과 반대되는 삶을 사는 게 두려웠고 싫었다. 아무래도 안정적인 것이 좋다고 생각했다. 하지만 군대를 전역한 지 얼마 되지 않은 나는 의욕이 넘쳤고, 겁이 없었다. 군대에 있으면서 느낀 것 중 하나가 '저걸 어떻게 해?'라고 생각한 것들을 결국 해낼 수 있다는 것이다. 그런 마음가짐으로 작은 성공을 하다 보면 결국 대체 불가능한 Only One이 될 수 있다.

나는 아직 대학생으로 대부분 친구나 후배들도 대학생이다. 하지만 어느 모임에 가든 나를 특별하게 대해준다. 주위에서 창업하는 대학생은 나 혼자가 유일하기 때문이다. 이 때문에 교수님, 교직원분들께서 내 이름을 기억해주신다. 그 이유는 대학생 창업가 사이에서도 Only One이기 때문이다. 다른 학생들은 공모전, 지원사업에 도전하고 졸업하거나 학교 내에서 할 수 있는 단기간 인건비를 생각하지 않고, 이윤을 남기는 창업활동을 한다. 하지만 나는 전국에 있는 여러 사람들을 상대로 오랫동안 창업하고 공모전, 지원 사업에서도 많은 성과를 냈기 때문에 나를 특별하게 생각해주신 것 같다. 아무래도 내가 가진 경험은 대학생들 사이에서도 특별하여서 200명 학생이 수강하는 수업에 창업특강 강사로 강연할 기회도 생기게 되었다. 나도 평소 발표를 많이 했지만 이렇게 많은 사람 앞에서 1시간 동안 하는 것은 처음이었다.

'많은 대학생 창업가가 있는데 왜 나에게 강연요청을 하신 걸까?'

곰곰이 생각해보고 교수님께 여쭤봤다. 교수님은 내가 '다양한 분야의 창업경험이 있고, 좋은 성과를 냈으며, 무엇보다도 누구나 창업을 시작할 수 있게 잘할 것 같다'고 말씀해주셨다. 대학생들 입장에서도 학생 창업가가 강연해야 공감하기 때문에 도움이 될 것 같다고 해주셨다. 나에게도 영광스러운 기회이기에 강연요청을 흔쾌히 받아들였다.

나는 대학생 창업을 하면서 새로운 것을 느꼈다. 그것은 요즘 창업 시장이 커지고, 대학생들도 창업에 대한 관심이 높아지는데 실제 대학생 때 창업해서 성공한 사람들을 보기 어렵다는 것이다. 창업캠프, 행사, 멘토링 등 프로그램에 참석하게 되면 교수님부터 시작해서 창업컨설팅, 창업교육, 마케팅회사 대표, 여러 분야 심사위원, 자문 등을 하는 전문가들을 만날 수 있다. 대단한 분들이지만 그중에서는 대학생 때 직접 공모전, 정부지원사업에 도전해보았거나 대학생 때부터 지금까지 창업만 하신 분은 찾기 어렵다. 그래서 지금부터 나는 대학생 창업 분야에서 Only One이 되기 위해 새롭게 도약했다. 바로 나만의 특별한 경험으로 대체 불가능한 대학생 창업가가 되는 것이다.

만약 내가 뜬구름 잡는 소리처럼 "Only One이 되어보세요"라고 책에 쓴다면 많은 사람들이 좋아하지 않을 것이다. 하지만 내가 먼저 시작하기로 했다. 주변 어디에서도 대학생이면서 학생들 앞에서 강연하고 돈을 버는 강사를 보지 못했고, 자신만의 이야기를 책으로 쓴 친구도 없다. 그리고 지금 나의 꿈을 이루기 위해 4학년 2학기를 휴학했다. 사업에 집중하고 책을 쓰면서 Only One이 되어가는 중이다.

김하온 군은 〈고등래퍼2〉에서 결국 우승을 하여 하이어뮤직레코즈(소속사)와 계약했다. 행사하러 다니고, 새로운 음원을 발표하며 돈을 번다. 2000년생으로 친구들은 학생인데 본인은 꿈을 위해 남들이 가지 않는 길로 갔다. 만약 김하온 군이 현실을 두려워하고 래퍼에 도전하지 않았더라면 지금의 위치까지 오를 수 있었을까? 그저 대학진학을 목표로 수능을 준비하는 평범한 학생에 불과했을 것이다.

내가 하고 싶은 이야기는 무작정 창업을 시작하라는 것이 아니다. 자신의 마음 한편에 창업이라는 불씨가 있다면 한 번쯤은 부채질해서 불을 크게 만들어 보라는 것이다. 그것이 창업으로 빛을 보거나 자신만의 특별한 스펙을 가지고 취업에 도전해보자. 창업을 시작하고 자신만의 아이템으로 도전해서 경험이 생긴다면 당신 역시 'Only One'이 될 수 있다. 아무래도 어렸을 때부터 자신의 적성에도 맞지 않는 '국영수사과음미체' 등 정해진 수업을 듣고 모든 학생들과 똑같이 경쟁하여 대학에 진학한 대학생들은 기존의 틀에서 벗어나서 남들과 다른 길을 걷기가 어렵다.

요즘 어린 학생들은 학교에서 코딩을 비롯해 새로운 것을 배운다. 자유학기제가 점차 도입되며 토론, 실습, 체험 등 많은 것을 경험하는 것이 대세가 되었다. 우리는 성인이 되었지만, 대학교라는 울타리가 아직 있다. 창업해서 실패해도 망하지 않고, 나중에 취업할 때 도움이 될 수 있다. 지금도 자신만의 새로운 길을 만들기에 절대 늦지 않았다. 당신의 잠재력을 꺼내 많은 것에 도전해본다면 1년 후 당신은 Only One이 되어 삶 또한 크게 바뀌어 있을 것이다.

당신이 생각하는 성공의 기준은 무엇인가? 어느 분야에서 1위로 인정받는 것인가? 좋은 대학에 가는 것인가? 돈 걱정이 없는 삶인가? TV에 나오는 것인가? 책을 쓰는 것인가? 성공에 대해 모두 생각하는 것이 다를 것이고, 그 생각은 시간이 지남에 따라 달라질 것이다. 하지만 지금까지 살면서 남들한테 얘기해줄 만한 성공한 사례가 단 하나라도 있는가? 나는 없었다. 내 주변에서도 자신이 성공했다고 이야기하는 사람을 보지 못했다.

　우리는 학창시절에 항상 또래 친구들과 경쟁하며 좋은 대학을 가기 위해 열심히 노력했다. 대학생이 되어서는 취업을 위해 공부하고 여러 스펙을 쌓는다. 졸업하고 취업하면 해고당하지 않고 승진하기 위해 노력할 것이고, 이후 40대 정도가 되면 작은 사업을 시작하거나 제2의 직장을 찾아볼 것이다. 그다음에는 노후준비로 노년기에 해야 할 일을 구할 것이다. 그렇다면 그것이 당신이 원하는 성공한 삶이고 만족하며 살고 있을까?

지금까지 남들한테 떳떳하게 이야기할 만한 성공한 사례가 없다고 당신의 삶이 실패했는가? 절대 아니다. 당신은 많은 것을 배웠고, 아직 젊고, 꿈과 잠재력이 무궁무진하다. 많은 사람들이 대학생 창업을 시작하기도 전에 성공할 자신이 없어서 시도조차 하지 않는다. 내가 이야기하는 대학생 창업은 돈이 많이 필요하지도 않으며, 학교에 다니면서 할 수 있다는 것이다. 그리고 이 분야에서는 1등이 되지 않아도 작은 목표로 아르바이트할 때와 비슷한 정도의 수익, 그리고 시간적 자유, 재미, 스펙, 내적 성장 등을 할 수 있다. 대학생 창업은 성공하지 않고 성장만 해도 성공이다.

사람들은 누구나 어릴 적 성장통을 겪는다. 성장통이 멈추면 성인이 된다. 어린 시절 나도 어른들처럼 키가 클 수 있을까? 의문을 가졌다. 지금은 성인 평균 키보다 더 큰 진짜 '어른'이 되었다. 대학생 창업도 성장통과 비슷하다고 생각한다. 20대인 대학생은 아직 사회생활을 경험해보지 못해 미숙하지만 아직 성장하기에 무궁무진하다. 분명 대학생 창업경험은 나중에 크게 성공하기 위해 겪을 성장통 중 하나가 될 것이다. 성장하다 보면 아플 수 있지만, 충분히 견딜 수 있다. 여러 가지 경험을 겪다 보면 자신의 새로운 모습을 발견하게 된다. 당신이 졸업하고 취업하던, 창업을 계속하던 중요하지 않다. 무슨 일을 하든 간에 대학생 때 창업경험을 해본 사람들은 생각하는 것이 달라지고, 어른스러워지고, 돈 버는 일이 얼마나 어려운지 깨닫는다.

많은 사람들은 시간을 내서 책을 읽으려고 한다. 그 이유는 남들에게 겉으로 보이는 것이 없어도 배울 수 있는 점이 많기 때문이다. 잘 고른 책 하나가 어떤 사람의 생각을 깨우치게 해서 인생을 바꿀 수도 있다. 성장하려면 성장통이 있어야 한다. 성장통을 무서워하면 성장할 수 없다.

영화 〈소셜 네트워크〉는 마크 저커버그가 어떻게 지금의 페이스북을 만들었는지 그 설립과정을 담았다. 성공하기까지 법정 소송도 하며 많은 시련이 있었다. 하지만 이용자 수가 기하급수적으로 늘어났고 전 세계 사람들이 사용하는 SNS로 자리 잡았다. 많은 사람들이 생각하는 창업성공은 드라마와 영화에 나오는 이야기처럼 어렵다고 생각한다. 여기서 말하고 싶은 건 절대 드라마와 영화에 나오는 창업자를 생각하지 말고 자기 자신만 보라는 것이다. 지금까지 당신의 삶이 어땠는가? 만족스러운가? 새로운 것 해보고 싶지 않은가? 시간적 여유를 가지고 돈을 잘 벌고 싶지 않은가? 그런데 지금까지 단 하나라도 새로운 도전을 해본 적이 있는가?

미친 짓이란 '똑같은 일을 반복하면서 다른 결과를 기대하는 일'

아인슈타인이 한 말이다. 지금 자신이 다른 학생들처럼 똑같이 토익공부, 자격증 취득, 어학연수, 봉사활동, 공모전을 위해 노력하고 있는가? 만약 당신이 원하는 스펙을 가졌다고 생각해보자. 그렇다면 그 많은 사람 중 회사에서 당신을 뽑아야 할 특별한 이유가 있는가? 남들과 똑같은 스펙을 가지고서 자신만 특별하게 봐줄 거라는 착각을 해서는 안 된다. 다른 사람들이 하지 않는 일을 해야 특별한 결과를 얻을 수 있다.

대학생 창업은 돈이 없어도 자신의 시간과 노력을 쏟아 부으면 누구나 시작할 수 있다. 당신이 평생 살면서 이번에 창업을 시작해보고 다시는 하지 않을 자신이 있는가? 나는 'NO'라고 생각한다. 하나의 창업을 하다 보면 다른 아이디어도 생각나고, 결합해보거나 반대로도 해볼 수 있다. 또 다른 새로운 직업을 만들거나, 자신의 경험으로 책을 쓰고 컨설팅, 멘토링, 강연 등을 할 수도 있다. 당신도 알다시피 요즘 정부와 학교에서 창업 관련 지원이 많지 않은가? 그런데 정작 참여하는 학생들은 아직도 적다. 그렇다면 실패하더라도 도전할 가치가 있지 않은가? 성공하면 대박이니 말이다.

학교에서도, 직장에서도 결과를 중시하다 보니 자연스레 과정보다 결과를 중요시하는 사람들이 많아졌다. 다른 자기계발 서적에서도 그렇게 이야기한다. 어쩌면 현실이기도 하다. 하지만 성공이라는 목표만 쫓다 보니 주위에서 무슨 일이 발생하는지, 뒤의 상황은 어떤지 보지도 않고 무작정 달리기만 한다. 최근 30 · 40세대는 20대에게 무리해서라도 해외여행을 가보라고 조언한다. 특히 혼자 가는 배낭여행을 추천한다. 세상의 넓음을 깨닫고, 20대의 젊은 나이에 도전해야 나중에 후회하지 않고 많은 것을 배우고 돌아오기 때문이다. 당신의 한번 뿐인 대학생활을 남들과 똑같이 살 것인지, 새로운 도전을 통해 성장할 것인지 한번 고민해보기 바란다.

알바천국×한국노동사회연구소는 '2017년 청소년 및 청년 아르바이트 노동실태'를 발표했다. 그중 20~24세(86.2%) 학생들이 아르바이트를 제일 많이 하고 있다고 한다.[1] 아르바이트를 하는 이유로는 용돈을 위해(42.2%), 생계유지(35.9%), 가정경제 보탬(13.6%)으로 많은 20대 초반 청춘들이 경제적 이유로 아르바이트를 한다. 안타깝게도 일을 하다가 사고가 나거나, 제대로 된 임금지불을 받지 못하고, 손님들에게도 무시당하는 일도 빈번하게 발생한다. 나 역시도 창업을 시작하기 불과 3달 전까지 공장에서 아르바이트를 했으

---

1. 출처 : http://www.insightkorea.co.kr//news/articleView.html?idxno=31396

며, 오전 6시에 일어나 저녁 7~8시에 귀가했다.

그때 '어차피 지금 힘든 인생인데, 창업한다고 뭐가 달라지겠어?'라는 생각으로 자신감과 패기로 시작한 창업이 내 인생을 바꿀 수 있게 해준 가장 중요한 첫 단추가 되었다. 그렇다면 지금 당신의 삶은 어떤가? 더 이상 물러날 곳이 있는가? 이제 대학생이라는 울타리를 벗어날 시기도 많이 남지 않았다. 20대 청춘 앞으로는 올라갈 생각으로 지금보다 더 나은 삶을 위해 한번 도전해라.

여행도 다니고, 먹고 싶은 것, 입고 싶은 옷, 내 차, 내 집을 갖고 자유롭게 일하고 취미생활도 즐기고 싶지 않은가? 하지만 지금은 어떤가? 금수저를 제외하면 자신이 꿈꾸는 미래로 삶을 살기 어려울 것이다. 만약 당신에게 인생에 있어서 단 한 번 당신이 원하는 삶을 살 기회를 준다고 하면 어떻게 할 것인가? 비용은 많아 봤자 아르바이트로 모을 수 있는 금액 또는 무료, 시간은 4년이나 준다고 한다. 이야기로만 들으면 많은 사람들은 고개를 끄덕이며 너도 나도 하고 싶다고 한다. 하지만 그 방법이 창업이라고 알려주면 실행할 사람은 많지 않을 것이다.

나는 창업하기 전에 주변 친구들 사이에서도 경제적 상황이 어려운 편이었다. 신발은 1년에 1번만 구매할 수 있었다. 사계절 내내 신기 위해 운동화도 신중하게 선택해서 구매했다. 밥 먹을 때마다 아르바이트 시간으로 계산하는 피곤한 삶을 살았고, 카페에서 커피를 사먹는 건 중요한 약속이 있을 때만 가능했다. 하지만 지금은 모든 게 바뀌었다. 밥 먹을 때 가격을 걱정하지 않고 식당에 들어간다. 사고 싶은 옷, 신발, 가방 등이 있으면 고민하지 않고 구매한다. 비싼 한정판도 구매할 수 있게 되었다. 지금은 한정판 직구 분야에서 나름 인지도가 높아진 '돌직구'를 운영하며 많은 사람들이 한정판을 쉽게 살 수 있는 환경과 정보를 제공해준다.

불과 내가 이렇게 변하게 된 것은 모두 창업을 시작한 이후이다. 이제 여행을 가고 싶을 때도 노트북만 있으면 어디서든지 일할 수 있다. 지금 이 순간에도 부산을 여행하며 원고를 쓰고 일한다.

선구자 : 어떤 일이나 사상에서 다른 사람보다 앞선 사람[2]

---

2. 네이버 국어사전(https://ko.dict.naver.com/detail.nhn?docid=21006600).

대학생
시장님

당신은 지금까지 살면서 어느 분야에 선구자가 된 적이 있는가? 대부분 없을 것이다. 우리는 지금껏 지식, 체험을 누군가에게 교육받고 자랐기 때문이다. 남들이 모두 아는 지식을 배웠다. 하지만 여러분이 창업하고 나면 그 경험만으로도 돈을 벌 수 있다. 자신의 학과 전공을 살리든, 경험을 살리든, 자신의 아이디어를 통해서 새로운 창업에 도전한다면 그 분야만큼은 당신이 다른 사람보다 앞선 상황이 되는 것이다. 앞서 말했다시피 30~60대 나이가 되면 대부분의 사람들은 창업하게 된다. 하지만 대부분 생계형 창업인 경우가 많고, 많은 비용이 들어 어려움을 겪는다. 하지만 내가 아는 창업가 중 20대부터 창업을 시작하여 현재 30대, 40대 나이로 창업경험을 살려 다른 예비창업자들에게 교육하면서 돈을 많이 버는 사람들이 있다.

이 책을 읽은 당신에게도 기회는 주어졌다. 나중에 취업하고 나서 투잡으로 창업을 시작하는 사람들도 있지만, 굳이 미룰 필요가 있는가? 지금이 더 시간이 많고, 열정이 넘치지 않은가. 그리고 취업에 나쁜 영향을 끼치지 않고도 단돈 0원으로 창업을 시작할 수 있다. 실패하면 어떤가? 지금보다 더 올라가면 된다.

래퍼 '스윙스'는 우리나라 최고 래퍼 중 한 명으로 젊은 층에 잘 알려졌다. 좋아하는 사람도 있고, 싫어하는 사람도 있을 것이다. 나는 최근 인터넷에서 스웨스의 강연을 보고 큰 자극을 받았다. 미디어에서 나오는 모습들은 그에 대해 부정적인 내용이 많지만, 스웨스는 자신만을 생각하며, 신경 쓰지 않았다고 한다. 어려운 환경 속에서도 자신의 꿈을 생각했고, 결국 꿈을 이뤘다. 강연 중 인상 깊은 말은 '남들이 너를 비웃고 있지 않다면 네 꿈은 충분히 큰 게 아니다'였다. 당신의 꿈은 어떤가? 공무원, 대기업, 공기업 취업? 그것이 정말 당신의 꿈이며, 설레고 행복한가? 아닐 것이다. 솔직히 남들에게 말하면 비웃음을 당할 것 같은 꿈이 있지 않은가?

내가 처음 창업한다고 했을 때도, 강사가 된다고 했을 때도, 책을 쓴다고 했을 때 많은 사람들이 비웃었다. 하지만 지금은 어떻게 되었는가. 꿈을 이루었고, 나의 꿈은 매년 변하며 성장 중이다. 남들이 불가능하다고 했던 것들을 대학교에 다니면서 모두 이뤄낸 것이고, 더 큰 꿈을 가지게 되었다.

'Just do it.' 나이키의 슬로건으로 많은 사람들에게 익숙한 문장이다. 번역하면 '그냥 해.' 우선 부딪혀 보고 결과를 봐라. 그냥 해보는 것이다. 내가 말하는 무자본 · 소자본 창업은 대부분 노력을 꾸준히 하면 좋은 결과를 얻을 수 있다. 중간에 일이 생겨 포기한다고 해도 잃을 것은 많지 않다. 대학생 창업 그냥 해보자. 위로 올라갈 생각만 하고, 지금의 힘든 생활에서 벗어나기 위해 움직이길 바란다.

당신은 오전 9시 수업을 듣기 힘든가? 과거의 나를 포함한 내가 본 많은 학생들은 9시 수업이 있는 것을 싫어했다. 하지만 새벽에 대중교통 첫차를 타면 많은 사람들이 바쁘게 출근하는 것을 알고 있는가? 그 시간에도 다양한 사람들이 출근하고, 일한다. 나는 내가 나태하다고 느끼면 아침 일찍 일어나 첫차를 타고 한 바퀴 돌면서 스스로 채찍질한다. 그만큼 많은 사람들이 '바쁘다'라는 말을 많이 한다.

실제 대학생들도 바쁘게 생활한다. 학점관리, 어학점수, 자격증, 동아리, 해외연수, 봉사활동, 인턴십, 그리고 아르바이트까지 해야 하기 때문이다. 할 일이 많다는 이유로 정작 자신이 진짜 하고 싶은 것들을 포기하며 산다. 하지만 진심으로 너무 바빠서 하루 1, 2시간을 새로운 일에 투자할 수 없는가? 대부분은 아니다. 내가 창업하면서 얻은 경험과 다른 사람들을 보면서 느낀 점은 수동적이던 사람도 능동적으로 변하고, 기존 생활을 유지하면서 누구나 창업할 수 있다는 것이다.

바쁘다면서 술 먹고, 게임하고, 데이트와 공부한다는 핑계는 더 이상 통하지 않는다. 당신보다 바쁘지만 더 많은 일을 하는 사람들은 세상에 널렸다. 바쁘다는 핑계로 아무것도 하지 않으면 정말 아무것도 될 수 없다. 누구에게나 주어진 시간은 공평하다. 여러분은 앞으로 창업과 취업 두 마리 토끼 모두 잡기를 원한다면 지금보다 더 바쁘게 움직여야 한다. 누구나 할 수 있다.

나는 군 제대 후 대학교 2학년에 복학하면서 오랜만에 학교에서 수업을 듣고 친구들과 밥을 먹는 일상이 설레고 좋았다. 시험 기간에는 늦은 밤까지 공부하고 친구들과 야식을 먹는 즐거움까지. 하지만 언제나 즐겁지만은 않았다. 불투명한 미래와 통장 잔액은 항상 비어있었기 때문이다. 그러던 중 아르바이트로는 우울했던 대학 생활과 미래에 별 도움이 되지 않는다는 것을 깨달았다. 문득 1학년 때와 군인 시절부터 창업에 관해 정리한 수첩이 생각났다. 소자본 창업과 내가 하고 싶은 일과 관련해서 인터넷 검색을 하고, 책도 읽어보고, 유튜브 동영상도 봤다. 내가 진짜 하고 싶은 일이 '글로벌셀러'인 것을 알게 되었다. 이와 관련된 긍정적, 부정적인 의견을 모두 수렴했다. 중간고사가 끝나자마자 본격적으로 글로벌셀러가 되었다. 대학생 사장님으로의 첫걸음이었다.

사업을 시작하면서 사업자 등록, 통신판매신고, 도메인, 로고제작 등 모든 것이 어렵고, 두려웠다. 하지만 '하나씩 하다 보면 모두 잘될 거야'라고 생각했다. 미션을 수행하듯 한 단계씩 끝마치니까 잘 해결되었고, 못할 것 같았던 많은 일을 하게 되었다. 학생이던 나는 주말을 이용해서 글로벌셀러에 대해서 공부했다. 평일에는 학교수업에 조별과제도 있었기 때문에 저녁, 새벽을 활용하여 일했다. 조금은 힘들었지만 나는 포기할 수 없었다. 남들에게는 작은 돈일 수 있지만 나에게는 전 재산이었고 부모님에게 더 이상 용돈을 받지 않겠다고 약속하고 시작한 창업이었다. 나는 이렇게 대학생 창업생활을 시작했다.

4학년 1학기까지 전체 평균학점은 3.80이었다. 높은 성적은 아니지만 백분율로 본다면 점수는 괜찮은 편이었다. 나는 창업한다는 핑계로 성적을 포기할 수 없었다. 앞서 얘기했듯이 플랜 B로 취업도 언제나 준비하고 있었기 때문이다. 주위 친구들이 내가 성적이 낮다면, 알게 모르게 무시할 거라고 짐작했다. 그래서 나는 공부도 열심히 했고, 수업도 빠지지 않고, 과제도 성실하게 해야 했다. 자, 지금부터 나의 대학생활을 한번 살펴보자.

기상, 학교 갈 준비, 아침식사

고객문의 처리(이메일, 게시판, 카카오톡 확인) 후 업무 시작

이동시간 절약을 위해 자전거를 타고 학교수업 듣기

점심식사 후 수업 전까지 도서관에서 업무

오후 수업 후 자취방에서 새벽 1시까지 업무

힘들다고 느껴지는가? 아니다. 군대생활에 비하면 아무것도 아니었다. 행복했고, 일할 수 있다는 것이 기뻤다. 그렇다면 당신의 대학생활은 어떤가? 학교 공부만 하는 것도 힘들지 않은가? 내가 아는 친구들은 수업이 끝나면 배틀 그라운드, 롤, 오버워치, 피파 온라인, 서든 어택 등 PC 게임을 하거나 술을 먹는데 많은 시간을 보낸다.

이런 대학생활을 하니 성적도 나보다 낮을 수밖에 없고 이룬 것도 적다. 결국 졸업반이 되어 후회하는 모습을 보이는 학생들이 많다.

가끔 공부 잘하는 친구들을 보면 하루에 3시간, 4시간 자고 공부만 한다고 한다. 나는 절대 그렇게 하지 못한다는 것을 잘 알기 때문에 그런 학생들이 너무나 대단하다고 생각한다. 만약 이 학생들이 공부시간을 절반으로 줄이고 나머지는 창업하는 시간에 투자한다면 어떨까? 대부분은 성적이 떨어져도 크게 떨어지지 않을 것이다. 계속 상위권을 유지하며, 창업에서도 충분히 성과를 내고 있을 거라고 생각한다.

지금 이 책을 읽고 자기 자신을 되돌아보고 반성했다면 잘했다. 지금까지 얼마나 편하게 살았는지 한 번이라도 생각한 시간이 되었기 때문이다. 하지만 생각만으로 끝내면 안 되고 실행해야 한다. 물론 바쁘고 힘든 상황은 이해한다. 하지만 지금 이 힘듦을 끝내기 위해서는 행동을 변화해야 한다. 지금도 대학생 1학년부터 4학년까지 누구나 창업, 취업 두 마리 토끼를 잡을 수 있다. 지금까지 공부했던 지식과 성실함이라면 누구나 잘할 수 있다. 만약 '시간이 없다'라는 핑계를 하려거든 소용이 없다. 결국 자기 자신의 게으름에 패배한 것에 대한 변명일 뿐이다.

낮에는 학생으로 공부하고, 저녁, 주말에는 일한다. 앞으로는 아르바이트가 아닌 자신만의 사업을 하는 것이다. 자신의 사업이 다른 사람들에게 알려지고 인정받는 즐거움과 만족감, 그리고 더 큰 수익이 생겨 자유를 얻는 것이다. 많은 학생들이 취업만을 바라보고 있지만, 창업이라는 문 앞에 서서 노크도 해보고 문을 열어보려고 다른 사람에게 도움을 요청해서 들어가 봤으면 좋겠다. 경험이 경력이 되는 마법을 경험해보자.

주독야경, 진짜 어렵다. 여러 가지 유혹이 있을 것이고, 성과가 나지 않아 포기하고 싶은 날이 올 수도 있다. 하지만 힘든 길을 걷고 마시는 물이 더 맛있다. 나도 했는데 여러분이 못할 리가 있을까. 당신도 분명 성공할 것이다.

교육부와 한국대학교육협의회가 발표한 '2018년 6월 대학정보 공시 결과' 2017년 대학생 창업기업 수는 전년 대비 약 25% 정도 증가했다고 한다.[3] 이는 대학생 창업가들이 많이 증가하고 있다는 뜻이다. 이렇게 20대의 젊은 나이로 창업을 시작하기는 쉽지 않지만 많은 학생들에게 창업 열풍이 불고 있다. 대학생은 공부도 열심히 하면서 창업을 하기에 더 힘든 시기이기도 하다. 하지만 우리는 극복해내야 하고 다른 경쟁자들을 이겨서 살아남아야 한다.

　　많은 대학생 창업가들은 고정적인 매출을 올리지 못한다. 나이도 어리다고 생각하여 자신감이 부족해서 거래처, 고객을 상대할

3.　네이버 국어사전(https://ko.dict.naver.com/detail.nhn?docid=21006600).

때 자신을 낮추는 모습을 보인다. 하지만 대학생 사장님이라고 절대 주눅 들 필요가 없다. 사업할 때 거래처, 고객에게 나이와 매출을 밝힐 필요가 없기 때문이다. 설령 밝힌다고 하더라도 부끄러울게 없다. 다른 창업자도 창업을 시작할 때 매출 0원부터 시작한다. 요즘에는 온라인으로 서로 얼굴을 보지 않아도, 다른 회사와 제휴를 맺고, 고객들에게 상품과 서비스를 제공해줄 수 있어서 어리다는 건 단점이 되지 않는다.

무엇보다 우리는 아직 젊지 않은가? 대학생 창업기업 수가 지속해서 증가하더라도 전체 학생 수 비율로 보면 아직도 소수다. 앞으로 어떤 생각을 하면서 창업을 해야 다른 사람들에게 무시 받지 않고, 존중받는지 알려주도록 하겠다.

창업하고 많은 고객들을 상대하면 자연스럽게 일명 진상 고객을 만나게 된다. 그중 나이가 자신보다 어리다는 이유로 초면에 반말하거나 무례한 행동을 하는 사람들이다. 한 사례를 알려주겠다. 한 고깃집에서는 한 손님이 계속 반말, 욕설, 업무와 관련 없는 자신의 개인 심부름을 직원, 사장님에게 요구했다. 물론 인성이 좋지 않은 사람이라 그럴 수도 있지만 나이 어린 사람이 일해서 조금 더 막 대하는 경향이 있다. 이에 다른 가게는 진상 고객들에게 직원들이 피해 입는 것을 막기 위해 강경한 대응을 한다고 적어놓는 곳도 있지만 아직까지도 젊은 사장님과 직원들의 피해는 현재진행형이다.

최근 인터넷에서는 한 편의점 아르바이트생이 손님에게 반말을 했다고 논란이 되었다. 사건의 진상은 30대 초반인 부부가 편의점에서 아르바이트생에게 먼저 반말했고 20대 아르바이트생도 똑같이 반말했다고 한다. 이후 부부가 인터넷에 글을 올렸지만 단 5개의 추천을 받고 1,800개의 반대를 받았다. 아르바이트생을 격려하는 댓글이 압도적으로 많았고, 오히려 제보자 부부를 비판했다. 이처럼 나이가 어리다고 무시하는 사람들도 있지만, 존중해주고 응원해주는 사람들이 훨씬 많다는 것을 알려주고 싶다.

사업하다 보면 여러 불상사가 발생한다. 다른 이유가 아닌 나이가 어리다는 이유로 피해를 보면 그 피해는 계속해서 발생하고 더 커질 것이다. 이처럼 우리 사회에서는 일부 사람들이 나이가 어리면 무시하여 대학생 사장님들이 창업할 때 주눅 들고 힘들 수 있다. 하지만 오히려 응원해주는 사람들이 더 많다는 사실을 잊지 말자. 나이가 어려도 멋진 사장님이 아닌가? 그리고 그 분야에서만큼은 자신이 전문가다. 자신을 믿어주는 고객들을 생각해서라도 당당하게 사업하기 바란다.

나는 대학교 2학년부터 4학년까지 일본 아마존셀러와 라쿠텐셀러, 해외직구 플랫폼, 구매대행 쇼핑몰, 애플리케이션 개발, 크라우드 펀딩, 책의 저자까지 다양한 사업을 경험했다. 작지만 제휴마케팅, 암호화폐 투자, 위탁배송시스템을 이용한 판매자 등도 해보며 나름 학교 다니며 공부하는 일반 대학생들과는 다른 길을 걸어왔다. 그러면서 창업할 때 가장 중요하게 생각한 부분은 수익성과 고정비, 초기비용 등이다. 나는 돈이 많은 사업가가 아니다.

사업은 잘되다가도 어떤 변수가 생길지 모르는 일이다. 그때 만약 여윳돈이 없으면 어떻게 될까? 매달 여러 가지 비용, 생활비가 필요한데 사업이 잘 안 된다면 고정비, 이자 등으로 인해 힘든 생활을 하게 될 것이다. 많은 자영업자들이 대출해서 사업을 생명 연장하는 이유도 대부분은 임대료와 같은 고정비가 필요하기 때문이다.

대학생들에게 고정비만큼은 처음에는 적은 상태로 시작하는 것을 추천한다. 내가 운영하는 슈타쿠(한정판 구매대행 쇼핑몰) 역시 매우 작은 쇼핑몰이다. 하지만 초기비용은 디자인비, 도메인, PG사 연동, 로고제작이 전부였다. 앞으로는 키워드 광고비용이 조금씩 나가고 1년에 1번 도메인 연장으로 쓰이는 것이 전부다. 이 쇼핑몰을 운영하면서 고정비에 대한 부담감이 없다. 최소 한 달에 주문이 1개가 들어오더라도 나에게는 수익이 생기기 때문이다. 나는 매출이 적어도 주눅 들지 않는다. 적은 시간을 일하지만, 결과는 충분히 만족스럽기 때문이다.

나는 창업한 지 1년이 되었을 때 월 수익이 50만 원 이하였다. 친구들이 얼마 버는지 물어보면 창피해서 말하지도 못했다. 그러다 몇 달 후 월 10만 원도 벌지 못했었다. 하지만 지금 생각해보면 대학생 때 한 달에 50만 원 번다는 건 대단한 일이다. 그게 시작이라면 더 성장할 수 있을 가능성이 있다는 것이다. 큰 문제가 없다면 온라인 창업은 점차 성장한다. 인지도가 높아지고, 인터넷에 검색하면 노출되는 자료 또한 많아진다. 또한 고객들이 재구매를 하게 되면서 성장하게 된다. 만약 당신이 일정 수준의 매출 상승으로 50만 원의 수익을 올렸다면 그 이상도 충분히 가능하며, 누군가는 인정하고 있다는 것이다.

실제 많은 대학생 창업자들이 시간이 지나도 매출 발생까지 어려워하는 경우가 많다. 그러니 여러분이 창업해서 수익이 적어도 절대 기죽을 필요가 없다는 것이다. 나 또한 지금으로부터 1년 전을 생각하면 정말 평범한 대학생 사장님이었다. 그때는 창업하고 있다고 누군가에게 말하는 것을 숨기려고 했다. 하지만 지금은 아니다.

다른 사람들에게 창업하는 것을 자신 있게 말할 수 있다. 자랑이나 자만은 절대 하지 않는다. 매일 내가 걸어온 길을 되돌아보고 반성하며 감사해 하고 있다. 나의 꿈과 목표는 훨씬 커졌고, 지금 상황에 만족은 하되, 더 크게 성장하리라 믿는다. 그러니 기죽지 마라. 1년 후 당신은 분명 멋진 사장님이 되어있을 것이다.

달걀로 바위[백운대/성] 치기

: 대항해도 도저히 이길 수 없는 경우를 비유적으로 이르는 말

당신이 사업을 시작한다고 할 때 이미 시장에서 자리 잡고 있는 큰 기업들을 이기기 위해서 어떻게 해야 할까? 누구나 인정할 만한 수준의 특별한 아이디어, 기술, 마케팅, 가격경쟁력, 차별화 등이 있어야 싸워볼 만하다. 하지만 우리 대학생들이 적은 돈으로 사업해서 중소기업, 대기업을 이기는 건 어렵다. 그래서 대기업과 정면 승부가 아닌 '경쟁을 무의미하는 전략'을 알려주려고 한다. 이는 기존

의 아이디어도 다르게 보일 수 있어 고객들에게 기억에 남는 자신만의 새로운 이미지를 구축하는 것이다.

이미 세상에는 많은 경쟁사가 있고, 좋은 상품을 출시하더라도, 다른 기업들이 모방하는 사례도 적지 않다. 하지만 우리 대학생 창업이 살아남기 위해서는 작은 시장을 공략하는 것은 아주 좋은 방법이다. 바로 니치마케팅, 틈새시장 전략으로 시장의 빈틈을 공략하는 것이다. 기존에 자리 잡힌 시장이 있어도 그것을 조금 더 세분화하여 목표화하면 우리를 따라와 주는 고객이 있기 마련이다. 그렇다면 우리는 비록 바위와 싸우면 쉽게 깨지는 달걀일지 몰라도 바위와의 정면 승부를 피할 수 있게 된다. 그 달걀로 창업자가 여러 가지 요리를 할 수 있게 되는 것이다. 어떤 요리를 해야 할지는 여러분에게 달려있다.

나는 처음 해외직구 플랫폼 '돌직구'를 시작할 때 페이스북, 블로그 등으로 나름대로 열심히 홍보했다. 해외직구 언론기사를 매일 체크하고, 해외와 국내에서 각각 인기 있는 상품들, 어떤 상품을 직구하면 고객들이 더 많은 혜택을 받는지 찾아서 블로그에 포스팅했다. 하지만 1년이 지나도 회원 수가 1백 명도 되지 않았고, 재구매

고객도 거의 없었다. 내가 시간을 투자하는 대비 너무 반응이 없어 포기할까 생각했지만 계속 열심히 했다.

블로그 지수를 높이기 위해 인터넷 검색도 해보고, 학교 도서관에 가서 마케팅 관련 서적들도 읽으면서 극복하려 했다. 하지만 매일 수십 수백 명이 방문해서 나의 포스트를 읽어본다고 해도 반응이 없는 것은 어떻게 할 수가 없었다. 나는 새롭게 시작한다는 마음으로 작은 시장이지만 수요가 있는 곳을 집중하기로 했다. 바로 '슈프림 배대지'라는 키워드이다.

슈프림 배대지라는 키워드는 경쟁이 심한 키워드가 아니라서 블로그, 카페, 지식인 등 글을 쓰면 노출이 쉽게 되었다. 해외 유명브랜드인 슈프림을 직구하는 사람들이 많지만 어려움을 겪는 사실을 알게 되었고, 나에게는 최고의 시장이었다. 위험성을 줄이고자 '슈프림 배대지'라는 작은 시장을 공략하였다. 일반적인 해외직구 대형 배송대행지들은 많은 브랜드, 남녀노소 사용할 수 있도록 홍보했지만, 내가 그들과 똑같은 전략을 사용해서 지금까지 특별한 이미지가 없다는 것을 깨달았다. 그래서 2017년 8월 말부터 한정판 시장을 공략하여 성장할 수 있게 되었다. 특히 수업에서 배운 고객관계관리 마케팅을 바로 적용하였고, 1년 만에 회원 수는 수천 명에 도달했다. 기존 운영에서 바뀐 것은 많지 않지만, 다른 업체들과 경쟁은 최대한 피해 나만의 사업 이미지를 구축하고 고객들이 만족할 만한 서비스와 환경을 제공한 것뿐이다.

나는 소규모 배대지인 돌직구를 성장시키기 위해서 작은 시장들을 계속 공략한다. 예를 들어, 해외쇼핑몰에서 배송대행지를 차단하는 경우가 있는데, 아직 돌직구는 매우 작아 일반 가정집으로 인식하는 경우가 많다. 따라서 입소문이 퍼지면서 고객의 유입이 많아지는 중이다. 이렇게 사업하면서 나는 다른 업체들과 대놓고 경쟁하는 것은 시간, 자본 등이 낭비된다고 생각했다. 다른 방향으로도 나의 틈새시장 전략이 적용되는지 실험하고 싶어서 한정판 구매대행 쇼핑몰 '슈타쿠'를 만들었다. 아직 규모가 작은 시작단계이지만, 짧은 기간에 손익분기점을 넘기게 되었다. 물론 투자금액은 수십만 원으로 적은 돈이다. 하지만 대학생 창업가들이 매출을 올리는 방법을 너무 어렵게 생각하고 있는데, 나의 방법을 적용한다면, 지금보다 몇 배는 빠르게 성장할 수 있을 것이다.

내가 아는 창업동아리 A는 다이어트 식단을 매일 만들어서 고객들에게 영양가 있고, 다이어트에 도움 되는 식품들을 판매한다. 개인 상담, 인바디 등도 해주는데 이들은 작은 시장인 자신의 학교 학생을 대상으로 시작했다. 내 친구도 재구매할 정도로 만족감을 보였다. 판매만 하는 것이 아닌 고객관리까지 해주고 있어 많은 학생들에게 호평을 받고 있으며, 좋은 사업이라고 생각한다. 시중에 나온 다이어트 식품들은 매력이 떨어진다고 느껴지기 때문이다. 요즘 많은 사람들이 다이어트 식품이나, 헬스장 PT 트레이너를 신뢰하지 못한다고 하는데, 이 아이템은 사람들의 다이어트 고민을 해결해 줄 수 있다. 기존 다이어트 식품을 판매하는 것만이 아닌 다른 서비스까지 제공하면서 차별성이 생겨 인기가 꾸준히 늘고 있다.

사람들은 오래전부터 잠을 잘 때 베개를 베고 잔다. 그만큼 베개시장은 이미 포화시장이라고 생각할 것이다. 하지만 최근 SNS에서는 마약베개, 마약매트릭스 등이 인기를 끌었다. 기존 베개는 예전부터 많이 있었지만 이들은 차별화된 상품을 만들고 SNS에서 여러 마케팅을 한 결과 입소문을 통해 크게 성공하게 되었다. '마약베개'라는 단어는 사용한 지 오래되지 않았지만, 지금은 이 키워드가 많은 사람들에게 인식되었다. 온라인 사업이 성장하려면 이렇게 자신만의 틈새시장 키워드는 꼭 필요하다고 생각한다. 처음에는 인터넷에 자료가 많이 없을지라도 점차 쌓여 노출이 잘 되기 때문이다.

우리는 학교에 다니는 대학생이다. 기존시장에 있는 기업보다 자금, 인력, 능력 모두 부족하다. 후발주자로 열악한 상황인 와중에 경쟁자 또한 무수히 많다. 이런 불리한 상황에서 그들과 정면으로 승부를 겨루는 것은 많은 시간과 비용이 낭비된다. 그래서 틈새시장을 노리라는 것이다. 틈새시장을 노리면 결국 고객이 한 명씩 유입되지만, 이탈하는 고객 비율은 낮아지고, 작은 대학생 사장님들도 살아남을 수 있는 황금열쇠가 될 것이다.

우연히 학교 도서관에서 시험공부를 하던 중 머리를 식힐 겸 독서를 하기로 했다. 박성진 저자의 『미친 실행력』이란 책이 눈에 띄어 읽게 되었다. 이 책의 저자는 어려운 환경에서도 미친 실행력으로 지방대 출신, 공모전 수상 경험 전무, 토익점수 0점으로 좋은 스펙이 아니지만 대기업에 취업했다. 이후 많은 상을 받아 회사에서도 인정받았고, 운동, 강사 등을 하게 된 과정과 미친 실행력 경험을 책에 담았다. 이 책을 읽고 생각만 하는 것과 실행하는 것에 대해 큰 차이를 느꼈다. 모든 잡생각은 접어두고 실행부터 해야 한다는 느낌을 받았다. 남들이 비웃을 것 같다는 이유, 실패할 것 같다는 이유, 힘들 것 같다는 이유 등 창업을 시작하지 않은 대학생들에게도 이 책이 도움이 될 것이라고 생각한다.

창업아이디어 역시 마찬가지다. 매일 전 세계에서 수많은 아이디어가 생성된다. 하지만, 시간이 지나면 아이디어의 가치는 떨어질 가능성이 높다. 실행하지 않고 생각만 하다가 정말 아무것도 아닌 게 되어버린다. 미친 실행력으로 당신의 아이디어를 세상에 펼친다면 세상을 바꿀 수도, 적어도 당신의 인생도 바뀌게 될 수 있다. 게다가 무료인데 왜 고민하는가?

나는 군대에 있을 때 제대하고 꼭 일반 장사라도 창업하고 싶었다. 근무를 설 때 잡담을 하면 안 되지만, 후임병들과 자주 돈 버는 방법을 이야기했다. 단순 장사부터 국방 아이디어, 또 4차 산업혁명을 대비한 아이디어까지 생각하고 이야기했다. 나만의 수첩을 들고 다니며 영감이 떠오를 때마다 메모했다. 이후 사이버지식정보방(사지방)에서 아이디어를 인터넷에서 찾아봤다. 그중에서는 이미 많은 사람들이 하는 창업부터, 해외에서 비슷하게 시행되던 아이디어 등이 있었다.

그때 당시 나는 아이디어 정리를 위해 우선 유망 분야를 크게 분류했다. 건강, 힐링, 3D프린트, 드론, 사물인터넷, VR, AR, 홀로그램 등이었다. 잠자기 전 모포를 뒤집어쓰고, 라이트 펜과 수첩을 꺼내 상상의 날개를 펼치며 잠들었다. 그때 당시 나의 아이디어를 공개하자면, 예를 들어 헬스장에 있는 사이클을 가상공간에서 게임처럼 즐길 수 있게 하는 것이다. 내가 생각한 것은 가상공간 안에서 채팅, 보이스톡이 가능하고 개인 캐릭터를 만들고 꾸밀 수도 있다. 또한 서울, 뉴욕, 파리, 런던 등 해외 유명 도시들을 만든 후 실제로 그곳에서 자전거를 타는 것처럼 하는 것이다. 그 안에 광고판을 넣고, 보게 되면 실제 현금을 이용자에게 주는 기능까지 생각했다. 경주도 할 수 있으며 다양한 기능을 생각하는 등 혼자서 많은 생각을 했었다. 그 당시 인터넷에 검색해보니 조금 유사한 상품들이 있었고, 지금은 비슷한 아이템들이 많이 나온 것으로 안다. 이 아이디어를 국내 멘토에게 상담요청을 했는데 비슷한 상품이 이미 있다는 답변을 받았지만 그래도 나는 재미있었다.

누군가에게 인정받지 못했더라도 그 당시 내 아이디어를 검증받기 위해 정리하고 노력했다는 사실만으로도 나 자신을 자랑스럽게 생각하고 후회하지 않을 수 있게 되었다. 이 밖에도 여러 가지 있었지만, 생략하도록 하겠다. 이런 작은 행동들이 모여 결국 지금의 나를 만들었다고 생각한다.

여러 창업을 경험한 나도, 생각만 하고 실행하지 않은 아이디어도 물론 많다. 내 몸은 하나인데 짧은 기간에 모든 것을 할 수는 없지 않은가? 하지만 당신은 어떤가? 분명 실생활 속에서부터 작은 아이디어들이 있었을 것이다. 하지만 누군가에게 조언해보고, 검증받아본 적 있는가? 대부분 사람들은 자신의 창업아이디어를 누군가에게 이야기하는 것을 어려워한다. 놀림 받기 싫고, 그 사람이 당신을 무시할까 봐.

하지만 왜? 그게 비웃음거리가 될까? 이 세상에서 성공한 사람 중에는 대중들과 생각이 달라서 어렸을 땐 좋지 않은 이야기를 들었어도, 결국 전 세계 사람들에게 인정받는 사람으로 된 경우가 많다. 나 역시 창업을 시작한다고 했을 때 많은 사람들이 좋지 않게 봤다. 어학 능력은 최악이고 돈도 없는데, 해외직구 관련 창업을 한다고 했기 때문이다. 하지만 지금은 어떤가? 많은 사람들이 인정해주고 존중해준다. 책도 썼고, 예비창업자들에게 상담요청을 받고, 대학교에서는 강연의뢰도 들어온다. 친하지 않은 친구들도 상담요청을 하고, 고객 수는 계속해서 증가하는 중이다. 이렇게 나는 예전보다 더 괜찮은 삶을 살고 있다.

나도 많은 공모전, 지원사업에서 떨어졌었다. 하지만 그중 일부는 좋은 결과를 보기도 했다. 자신의 아이디어를 평가받아서 꼴등

하면 어떤가? 도전했다는 것이 중요하고, 내 실력은 분명 향상되었다. 창업을 시작하기 전에 다른 사람의 시선을 너무 신경 쓰지 않아도 된다. 참고만 할 뿐 내 인생은 내가 제일 잘 아는데 왜 다른 사람의 눈치를 보다가 시도를 하지 않는가. 그들은 당신의 인생을 책임지지 않는다. 결국 선택은 본인 몫이다.

많은 창업 전문가들은 창업 성공률을 1~10%까지 보는 시선이 많다. 그만큼 어렵다. 하지만 당신에게 지금 무료로 창업할 수 있는 기회가 있다면 어떻게 할 것인가? 그 작은 희망이라도 잡으려는 시도를 할 것인가? 아니면 그 기회를 외면할 것인가? 나는 백번 천번 그 희망 잡으려고 시도할 것이다. 여러분과 나의 차이는 크지 않다. 단지 나는 창업했고, 여러분은 아직 시작하지 않은 것뿐이다. 지금 당장 여러분의 아이디어를 세상에 공개하기 바란다.

모든 사업에서는 아무리 좋은 아이템이 있더라도 결국 마케팅이 생사를 좌우할 정도로 중요하게 생각한다. 대학생 사장님은 돈이 없더라도 자신의 아이템을 세상에 알리기 위해서는 마케팅을 해야 한다. 요즘은 고객의 기대수준이 높아져서 만족을 넘어 고객 감동까지 줄 수 있어야 좋은 마케팅이 된다. 이전에는 가성비를 원하는 소비가 인기였다면 요즘에는 가심비가 좋아야 고객의 지갑을 열 수 있어 이에 대한 관심이 커지고 있다.

'가심비'란 가격 대비 마음의 만족을 추구하는 소비 형태를 뜻한다. 상품이 조금 더 비싸더라도 자신이 심리적으로 구매하고 싶은 상품이나 서비스는 따로 있어 이를 찾아 소비하는 것이다. 예를 들어 미용실에서 받는 좋은 서비스, 한정판 상품 구매로 인한 심리적 만족, 애플의 상품 등이다. 이러한 상품과 서비스는 가격 대비 성능보다 고객의 마음이 끌리는 곳에서 소비할 수 있다. 가심비 마케팅이야말로 대학생 사장님들이 잘 이용할 수 있다고 생각한다.

우리는 사업하면서 고객을 직접 만나기 때문에 고객에게 더 좋은 서비스와 신뢰를 제공해줄 수 있다. 큰돈을 마케팅에 투자하는 것보다 고객 한 명, 한 명의 단골을 만드는 것에 집중해야 한다. 고객이 지갑을 열지 않으려는 심리를 잘 이해하는 대학생 사장님이야말로 소비자의 니즈와 원츠 파악을 잘할 수 있다. SNS 채널을 잘 다루는 20대가 많기 때문에 고객들과 잘 소통하며 가심비 마케팅으로 고객의 마음을 움직여야 한다.

대학생 창업가들 대부분은 항상 자금난에 시달리기 때문에 마케팅을 할 때에도 최대한 효율적으로 움직여야 한다. 그중에서도 SNS 마케팅에 집중해보려 한다. 최근 SNS 채널이 다양화되면서 대부분 기업에서 하나의 채널만 운영한다면, 경쟁사보다 경쟁력이 떨어진다. 나도 창업 초기 개인 페이스북, 인스타그램만 운영하였는데, 전문성이 떨어지다 보니 고객을 모으기가 쉽지 않았다. 결국 사업용 SNS 채널을 따로 만들었다. 바로 블로그, 페이스북, 인스타그램이었다. 최근 많은 창업자들은 유튜브까지 운영하여 마케팅 채널 및 수익 공간을 더 확장하고 있다.

이렇게 자기 사업만의 마케팅 채널이 필수가 된 이유는 전문성을 높이고, 고객에게 신뢰를 주면서도, 마케팅 비용을 거의 0원으로 지속해서 할 수 있기 때문이다. 자신의 고객이 모여있는 곳에 꾸준히 마케팅하고, 관련 상품 및 서비스를 포스팅하기 때문에 구매율 또한 높다. 이렇게 자신의 SNS 채널이 있다면 대학생 창업가들도 부담 없이 고객을 확보할 수 있으니 꼭 시작하기 바란다.

요즘 서점에는 SNS와 관련된 서적을 마케팅 분야에서 쉽게 찾을 수 있다. 간단한 회원가입부터 사진 올리기 등 단순 방법을 알려주고 있는 경우도 많다. SNS가 어려워서 시작도 못하는 분들이 많기 때문이다. 하지만 지금 이 책의 독자는 대부분 대학생으로 페이스북, 인스타그램, 블로그 중 해본 경험이 있다면 쉽게 시작하고 운영할 수 있다. 요즘 고객들은 기대수준이 높아져서 어떤 상품이나 서비스를 구매할 때 한 가지 채널에서만 검색하지 않기 때문이다. 여러 채널에서 검색해보고, 분석한 후 구매하는 경우가 많다. 신규회원을 데리고 오는 것은 어렵지만, 자신의 SNS를 통해 충성고객으로 만들어 꼭 SNS를 통해 마케팅 천재가 되기를 바란다.

모든 고객의 마음에 쏙 드는 사업을 하기는 어렵다. 하지만 여러 가지 방법으로 자신의 고객을 최대한 만족하게 하여 재구매하도록 해야 한다. SNS를 통해서 고객을 확보했다면, 앞으로는 조금 더 친근하게 다가가야 하고 고객을 꼭 잡아놓아야 한다. 문제가 발생하면 해결을 위해 대화할 장소가 필요하다. 하지만 여러분의 고객이 수백 명, 수천 명, 수만 명이 생긴다면 모든 문의를 전화나 대면으로 해결할 수 없다. 그래도 1:1로 고객들과 소통하는 방법이 있다. 바로 카카오톡 플러스 친구이다. 이외에도 카카오톡 오픈 채팅, 네이버 톡톡 등으로도 고객 상담을 운영하는 업체가 많다. 나는 카카오톡 플러스 친구를 운영하며 수천 명의 고객과 1:1로 상담한다. 현재까지 게시판과 전화 상담을 모두 혼자서 해결하고 있다.

이렇게 다른 업체와 달리 고객들에게 자동응답이 아닌 대표가 직접 대응하니 고객들이 많이 존중해주고, 사랑해준다고 생각한다. 1:1로 소통하면 생기는 장점은 문제가 생겼을 때 빠르게 대처할 수 있다는 점이다. 그래야 고객들이 안심하고 문제가 발생해도 다른 업체처럼 화를 내기보다는 어떻게 된 건지 물어봐 주는 고객들이 많다. 이렇게 빠른 답변, 1:1 채팅으로 인한 신뢰, 합리적인 보상을 해주기 때문에 온라인에서 악플을 많이 줄일 수 있었다고 생각한다. 또 1:1 채팅은 무료로 이용할 수 있어서 대학생 창업자는 물론 다른 창업자분들에게도 필수로 여겨지는 플랫폼이다. 고객들과 직접 소통한 것이 사업성장에 큰 도움이 되었다.

사업을 잘 운영하지 못하면 고객이 계속해서 이탈하는 '밑 빠진 독의 물 붓기' 상황이 올 수 있다. 창업 초기에는 고객 단 한 명이라도 확보하기가 매우 어렵다. 어렵게 모셔온 고객이 한 번 이용하고 다시 오지 않는다면, 그 사업은 성장하기 어렵다. 이러한 문제를 해결하기 위해서는 다양한 이유가 있겠지만, 결국 고객의 기억에서 좋은 기억으로 남지 않았고, 매력적이지 않았다는 것이다. SNS를 활용한 가심비 마케팅은 우리 대학생 창업자가 돈 없이도 시작할 수 있다. 이제는 필수가 되었다.

우리가 살아남기 위해서는 작지만 의미 있고, 기억에 남고 고객들에게 도움이 되는 사업을 해야 한다. SNS를 시작하는 게 귀찮고, 어렵게 느껴질 수 있겠지만 안타깝게도 아무것도 하지 않는다면 성공할 확률을 낮출 뿐이다. 여러분이 창업을 시작했다면 최대한 열심히 해서 성공확률을 높이려고 노력하는 현명한 사장님이 되기를 기대해본다. 고객을 움직이는 마케팅은 꼭 돈이 많아야 할 수 있는 것이 아니라는 것을 명심하길 바란다.

창업을 시작하면, 많은 사람들이 여러 가지 창업을 하고 싶다는 생각을 자연스럽게 하게 된다. 그렇다고 매번 큰 비용을 들여서 완제품을 만드는 것은 시간적으로나 물질적으로나 제한된다. 하지만 대학생 창업 장점 중의 하나는 여러 가지 창업아이디어를 짧은 시간동안 평가받고, 도전할 수 있다는 것이다. 나는 창업 초기 창업팀 활동을 하면서 카카오톡과 구글 설문지를 이용하여 많은 사람들에게 설문조사도 해보고, 학교 수업시간에 돌아다니면서 창업아이디어를 발표하면서 학생들의 의견을 들어보기도 했다. 하지만 매번 하기에는 무리였다. 조금 더 쉬운 방법이 있었으면 좋겠다고 생각했고 지금은 그 방법을 찾았다.

　아이디어를 다른 사람들에게 평가받는 방법은 다양하다. 전문가

또는 잠재고객에게 의견을 직접 들어보기. 이 방법에도 간단하게 또는 복잡하고 심도 있는 의견을 들어볼 수 있다. 잠재고객을 직접 만나 설문조사를 할 수도 있고, 전문가와 온라인, 오프라인으로 멘토링, 크라우드 펀딩 또는 몇 명의 고객을 불러서 체험한 후 자세한 이야기를 듣는 방법도 있다. 이번에 내가 여러분에게 알려줄 방법은 린 스타트업과 SNS를 활용하여 하루 만에 수만 명에게 시장 반응을 보는 방법이다. 큰돈이 필요하지도 않고, 우리에게는 친근한 SNS를 통해 반응을 볼 수 있어서 도움이 많이 될 것이다.

만약 당신이 직접 온종일 시내를 돌아다니면서 사람들에게 10초 정도 짧게 O, X로 간단한 답변을 듣는 조사를 한다고 하면 어떨까? 내 생각엔 하루 종일 해봐야 몸만 힘들고, 외면받으면서 많아야 수백 명 정도 할 수 있을 것이라 생각한다. 흔히 주말에 홍대 입구, 신촌역에 가면 간단한 인터뷰부터 설문조사 등 하는 모습을 많이 볼 수 있다. 하지만 이렇게 좋지 않은 시선을 받으면서 몸은 고생하면서 간단한 반응을 보는 것은 너무나도 비효율적이다. 앞으로는 SNS를 통해 하루 만에 수만 명의 잠재고객들의 반응을 보는 방법을 소개하고자 한다.

린 스타트업은 간단하게 아이디어를 빠르게 최소요건제품(시제품)으로 제조한 뒤 시장의 반응을 통해 다음 제품 개선에 반영하는 전략이다. 일본 도요타 자동차의 린 제조 방식으로 실리콘밸리에서 많은 스타트업이 열광했고, 우리나라에도 린 스타트업 방식이 들어오면서 많은 창업자들이 활용하고 있다. 나는 대학교 2학년 창업론 수업에서 배웠었는데, 아주 매력적으로 느껴졌었다. 이렇게 린 스타트업을 활용해서 SNS를 통해 고객 반응을 쉽게 확인할 수 있어 공유하려고 한다. 하지만 이 방법은 고객들의 개인적인 의견을 받기는 어렵고, 아이디어에 대한 관심도와 이후 마케팅 비용 예측, 타깃 예측 등을 파악하는 정도로 생각해야 한다. 고객들의 깊은 의견을 듣고 싶다면 직접 만나서 이야기하는 방법이 도움될 것이다.

랜딩 페이지 제작하기

당신이 하고 싶은 창업아이템이, 무엇이든 간에 랜딩 페이지를 제작한 후 페이스북에 광고하여 많은 사람들에게 노출하는 것이다. 랜딩 페이지란 검색엔진, 광고 등을 경유하여 접속하는 유저가 최초로 보게 되는 웹 페이지를 랜딩 페이지라고 부른다(위키백과, 우리 모두의 백과사전). 이 페이지는 인터넷을 다룰 줄 아는 20대라면 괜찮게 보이는 사이트를 누구나 몇 시간이면 제작이 가능하다. 제작을 완료했다면 준비는 약 90% 정도 되었다고 볼 수 있다. 랜딩 페이지에는 특정 타깃들이 좋아할 만한 디자인으로 사업에 대한 설명을 조금 구체적으로 보일 수 있게 이미지를 넣어주는 것이 좋다.

페이스북 광고

페이스북 광고를 통해 잠재고객이 관심 있어 할 만한 이미지를 제작하여 짧은 설명과 랜딩 페이지 링크 주소를 적는 것이다. 이 페이스북 광고는 타깃 설정을 별도로 할 수 있어서 원하는 잠재고객에게 단돈 몇만 원이면 수만 명에게 도달이 가능하다. 성별, 나이, 관심사 등을 설정할 수 있어 타깃을 설정하기가 쉽다. 이후 도달 수와 참여 수를 볼 수 있는데, 참여 수는 잠재고객들의 클릭횟수로 관심도라고 생각하면 된다.

여러분의 사업 이미지와 글을 보고 몇 명이 관심을 보였는지, 또한 1명 클릭당 얼마나 비용이 발생하는지 대략 알 수 있다. 그리고 이뿐만이 아니다. 랜딩 페이지로 유입시킨 후 이메일이나 사이트 자체 내에서 구매 또는 이용하고 싶은 고객들을 모을 수도 있다. 이러한 데이터를 가지고 앞으로 광고를 더 많이 할지, 적절한 타깃은 누구인지, 이 사업아이템을 고객들이 구매하려고 하는지 등을 알 수 있다.

이 방법으로는 고객들의 의견을 직접 들어보지 못해서 장단점, 의견, 피드백 등은 알 수 없다. 하지만 이러한 방법은 적은 비용으로 짧은 시간 많은 데이터를 활용할 수 있다는 것이 최고의 장점이라고 생각한다. 나 또한 이 방법으로도 했었고, 이 데이터를 사업계획서에 작성하여 정부지원사업에 도전하기도 했다.

어릴 적부터 무의식적으로 모든 것에 정답은 하나라고만 알고 있었다. 하지만 생각해보면 시험문제에서도 '모두 고르시오'가 있는 것처럼 정답이 하나가 아닌 경우가 많다. 마치 대학생들에게 취업이 전부가 아닌 창업이라는 다른 정답이 있는 것처럼 말이다. 앞서 알려준 고객들의 방법을 확인해 보는 것도, 어쩌면 수박 겉핥기 시장조사일 수 있다. 하지만 누군가에게는 분명 도움이 될 것이다.

일본 도요타자동차에서 활용한 린 제조 방식이 실리콘밸리로 가서 린 스타트업으로 되었고 그것이 전 세계로 퍼지면서 많은 창업가, 전문가가 사용하게 되었다. 다른 플랫폼과 연관 지어서 새로운 결과물을 만들어 내었고 앞으로도 다른 많은 것들이 계속 생겨날 것이다. 앞으로는 그 새로운 것을 만들어 내는 사람은 이제 여러분이 될 것이라 생각한다.

PART

대학생 사장님의
창업 성공 한걸음

실리콘밸리는 미국의 캘리포니아주에 있는 첨단기술 연구단지다. 애플, 구글의 본사가 위치하고, 많은 스타트업이 여러 투자를 받고 성장하는 곳이다. 실리콘밸리 주변에는 미국에서 유명한 대학들이 모여있어 인재도 많고, 창업하는 사람들을 쉽게 볼 수 있다. 우리나라에서도 실리콘밸리로 가서 창업을 배우면서 도전하는 사람들이 많다. 우리 대학생 사장님이 창업에서 성공하기 위해서는 이곳에서 창업하는 분들의 사례를 보고 경험을 배운다면 도움이 된다고 생각한다. 비록 직접 가서 경험하지 못해도 요즘은 책, 칼럼, 유튜브 등에서 실리콘밸리 창업자들이 어떻게 창업을 하는지 알 수 있다.

물론 요즘 인터넷에서 실리콘밸리 땅값이 비싸서 차에서 잠을 자는 사람들이 늘어났다고 하지만, 사람들이 비싸도 실리콘밸리로 가는 이유는 분명히 그만한 가치가 있기 때문이다. 내가 창업하면서 느끼고 배운 점은 누구에게서도, 어느 상황에서도 인생에 있어 배울 점이 많다는 것이다. 그렇다면 실리콘밸리에 가면 어떨까? 사소한 것 하나하나가 창업에 맞춰져 있기 때문에, 아무도 모르게 조금씩 창업자들을 바뀌게 만들어 줄 것이다. 지금부터 실리콘밸리에서 창업을 한 몇 가지 사례를 통해 대학생 창업자들도 실리콘밸리 창업자들처럼 열정과 자신감을 가지고 세상에 나갔으면 좋겠다.

유튜브에서 무작정 350만 원을 가지고 실리콘밸리로 가서 그곳에 있는 한국인 창업자들의 이야기를 전해주는 1인 크리에이터 '김태용' 님의 영상을 보게 되었다. 이 분 역시 군 제대 후 창업을 여러 번 도전해보고 실패를 경험했다고 한다. 지금은 1인 크리에이터로 수익을 올리면서 강연, 마케팅, 컨설팅하는 1인 기업이 되었다. 현재 대기업에 다니는 친구들보다 조금 더 번다고 했었는데 내 생각에는 앞으로 더 많은 돈을 벌게 될 거라고 생각한다. 만약 여러분이 열심히 아르바이트해서 돈을 모았다면, 그 돈으로 창업을 시작할 수 있겠는가?

내 주변 대학생 친구 중에서는 열심히 아르바이트해서 돈을 모은 후 해외여행을 가는 경우가 많다. 나도 창업에 대한 관심이 없었으면 그랬을 것이다. 하지만 지금의 나였다면, 사업에 더 투자하고 남은 돈으로 여행에 다녀올 것 같다. 물론 젊을 적 해외여행을 갔었고, 좋은 경험이라 생각한다. 하지만 많은 학생들이 여행을 마친 뒤 남들과 똑같은 삶을 살면서, 아르바이트, 휴학만을 반복하며 20대 후반이 되는 경우를 많이 봐서 안타까웠다.

내가 김태용 님의 동영상 중에서 인상 깊게 본 창업자분들이 많다. 한 분 한 분 대단하신 분들이었고, 창업에 많은 동기부여를 주는 영상들이다. 그중에서도 나는 '이시선' 님의 숙취 음료를 가지고 창업하게 된 영상이 가장 기억에 남는다. 우연히 한국에서 술을 마신 후 숙취 음료를 접하게 되었고, 그 아이템을 많은 사람들이 관심 있어 한다는 것을 알았다. 하지만 숙취해소음료가 미국에는 없다는 사실을 깨닫고, 한국 숙취음료업체를 통해 미국에 판매하려 했다고 한다. 하지만 결국 비용을 절감하면서, 가격경쟁력으로 직접 제조할 방법이 있으며, 제조가 가능하다는 것을 알게 되어 샘플을 먼저 제작한 후 사람들에게 무료로 나누어 주고 반응을 보았다고 한다. 그 결과 50%가 구매를 원했다. 이 데이터를 가지고 사업에 확신하여 시작하면서 투자를 받고 본격적으로 성장했다고 한다. '이시선' 님도 린 스타트업을 했고, 이번 사업이 처음이며, 다니던 회사를 그만둘 정도로 중요한 선택을 했다.

실리콘밸리에는 이런 창업자 분들이 많다. 어떤 생각이 드는가? 정말 여러분은 돈이 없어서 창업을 못 하는 것인가? 아니다. 유튜브 크리에이터 '김태용', '이시선' 님은 다른 것을 포기할 과감한 선택, 행동으로 옮겼느냐 안 옮겼느냐가 지금의 결과를 만들어 낸 것이다.

나도 원래 부지런한 사람이 아니었지만, 창업하고 나서 부지런하게 변했다. 바로 성공하고 싶다는 간절함 덕분이다. 나에게는 이제 '돌직구'라는 새로운 이름이 생겼고, 돌직구를 믿어주는 고객들을 생각해서라도 더 열심히 해야 했다. 실리콘밸리에 있는 스타트업 창업자 대부분도 부지런하며, 잠자는 시간 빼고는 머릿속이 창업으로 가득 할 것이다. 그것은 누군가 시켜서가 아닌, 자발적으로 자신의 사업이 성공하기 위해서 최선을 다해야 하기 때문이다.

실리콘밸리에서는 심지어 점심시간에도 아이디어 회의를 한다. 특히 실리콘밸리 주변 식당에서는 창업자들이 밥 먹을 때도 아이디어 회의를 많이 하기 때문에 테이블 자체에 큰 종이를 깔아두고 고객들이 펜으로 테이블에 글도 쓰고, 그림도 그릴 수 있게 조성되어 있다. 아직 우리나라에서는 이런 식당을 찾아보기는 힘들다. 식사할 때도 일하는 모습을 머릿속에 떠올리면 체할 것 같다고 생각할 수 있다. 하지만 그들은 다르다. 창업이 삶이고, 재미있기 때문이다. 실리콘밸리에서는 많은 사람들이 이러한 환경에 익숙하고 즐기면서 생활한다.

여러분이 창업을 시작하고 다른 사람들처럼 저녁에도 일하고, 밥먹을 때도 창업만을 생각하라는 것은 아니다. 다만 쉴 때는 푹 쉬고 일과 사생활이 자유로운 것은 좋으나, 창업에 대한 열정을 실리콘밸리에 있는 스타트업처럼 뜨겁게 해야 성공할 가능성이 커진다. 실리콘밸리는 창업문화가 활성화되어서 이 문화가 자연스럽다. 창업하기 전 실리콘밸리 창업자가 어떤 생각과 행동을 하는지, 일과는 어떤지 알게 되고 배운다면 우리나라 대학생 창업가 역시 성공에 더 가까워질 것이다.

대학생 창업가에게 가장 필요한 것은 무엇일까? 이번에 이야기하고 싶은 것은 시간 활용이다. 보통 대학생들은 경제활동을 하지 않기 때문에 시간은 많고, 돈은 없다. 하지만 창업하게 되면 대학생들은 시간이 부족해진다. 그 이유는 공부와 일을 모두 해야 하고 일하는 시간이 수업과 겹칠 수 있기 때문이다. 대학생 창업자 중에서는 수업에 빠지기도 하고 지각하는 횟수가 늘어나는 학생들을 쉽게 볼 수 있다. 앞서 말했듯이 이는 바보 같은 행동이다. 수업은 잘 듣고 시간을 효율적으로 사용하면서 학생으로서 최선을 다해야 한다.

　나도 어느새 시간관리에 부족함을 느껴 사업을 효율적으로 하기 위해 도서관에서 여러 책을 읽었다. 그리고 내게 맞는 방법을 적용했다. 그 결과 수업에 지장 없이 사업을 효율적으로 할 수 있었다. 소통이나 업무가 오래 지연되어 논란이 된 적은 단 한 번도 없었다. 여러분이 어떤 창업을 할지는 모르겠으나, 이제부터는 생각을 바꿔야 한다.

대학생 사장님이 되었다고 당신의 시간을 많이 투자해서 적은 돈을 벌려고 하지 않아도 된다. 물론 초반에는 어쩔 수 없이 밤낮으로 일할 수 있겠지만, 사업이 안정화되면 평소에는 효율적으로 일하고, 적게 일하더라도 돈을 버는 시스템을 만드는 것이 좋다. 그 방법에는 PART 3에서 이야기했던 아웃소싱을 활용하는 방법부터 여러 가지 방법이 있는데 나의 경험을 통해 노하우를 알려주도록 하겠다.

나는 처음부터 조금만 일하려고 하지 않았다. 바쁜 게 당연하고 다른 사람들처럼 하루 종일 일해야 한다고 생각했었다. 하지만 도서관에서 책을 읽으면서 똑같은 일을 해도, 일을 많이 할 필요가 없다는 것을 알게 되었다. 절약한 시간만큼 수업도 듣고, 과제도 하고, 자기계발 또는 다른 일을 하면서 수익을 늘릴 수도 있다는 것을 깨달았다. 무엇보다 스트레스가 줄어들고 개인적인 시간이 늘어나 행복한 창업을 지속할 수 있다. 내가 잠을 자거나, 여행을 간다고 해도 업무에 지장이 없다는 것을 깨달았다. 이러한 시스템을 만들려면 몇 가지가 필요하다는 것을 배웠다.

자동화

단순 작업, 반복적인 일을 해야 하는 일은 자동화를 하는 것이 장기적으로 도움된다. 제조업이라면 자동화 로봇이 될 수 있고, 컴퓨터로 하는 일이라면 프로그램을 만들 수도 있다. 요즘 인터넷 재능사이트에는 많은 프로그래머들이 사람이 하는 반복적인 일은 대부분 저렴한 가격에 제작해준다. 자신이 일하는 시간을 절약한 만큼 그 시간에 다른 일을 할 수 있으니, 투자 대비 얻을 수 있는 효과를 생각해본다면 대부분은 장기적으로 더 행복한 삶을 찾아줄 것이다.

시간관리

보통 직장인들은 아침부터 퇴근 시간까지 컴퓨터 앞에 앉아서 일하는 것이 대부분이다. 나도 예전에는 시도 때도 없이, 컴퓨터와 핸드폰을 확인하면서 일했다. 하지만 시간만 효율적으로 관리하면 오히려 같은 업무를 짧은 시간에 할 수 있다는 것을 알게 되었다. 예를 들어 고객 상담을 해준다고 하자. 보통 고객 한 명과 전화 상담을 하면 짧게는 1분, 길게는 20분 정도 걸린다. 이렇게 전화 상담을 하다 보면 많은 일을 하지 못하게 된다. 하지만 홈페이지와 카카오톡 상담으로 돌리고, 주문서 처리 등 매번 기다렸다가 수동으로 시도 때도 없이 하는 것보다, 작업시간을 정해놓고 일괄처리하면 훨씬 쉽고 빠르게 같은 업무량을 일할 수 있다. 이러한 자세한 내용은 시간관리나 업무 효율성에 관한 책에 자세히 나와 있다.

아웃소싱

PART 3에 나온 내용처럼 모든 일을 혼자서 할 필요가 없다. 제3자에게 위탁하여 특정 업무를 저렴하고 전문성 있게 맡기는 것이 좋다. 그렇게 하는 것이 시간적, 경제적, 전문성 등 모두 좋아지는 중요요소 중 하나다.

많은 대학생 창업가들은 인건비를 생각하지 않고, 본인의 시간을 희생하면서 창업하는 경우가 많다. 아무리 창업을 해서 안정적인 수입을 올리고 있다고 하더라도 하루 8시간씩 일만 한다면 과연 행복할까? 나는 아니라고 본다.

예를 들어 백종원 대표는 많은 요리를 연구하며 개발하였고 우리나라 여러 곳에 자신의 이름을 건 프랜차이즈 가맹점을 많이 소유하고 있다. 하지만 지금 성공한 창업가인 백종원 대표가 식당에서 매일 음식을 만들면서, 고객 응대를 하고 있는가? 아니다. 요즘은 TV 프로그램 백종원의 푸드트럭, 백종원의 골목식당 등으로 많은 창업가들에게 도움을 준다. 이전에는 〈집밥 백선생〉, 〈3대 천왕〉 등 프로그램에 출연하기도 했다.

백종원 대표는 일을 가맹주, 직원, 아웃소싱 등으로 계속해서 여러 사업을 하면서도 개인적인 시간을 잘 활용한다. 대학생 창업가들도 수익 크기에 상관없이 백종원 대표처럼 사업 마인드를 배웠으면 좋겠다. 사람들이 창업하는 이유는 모두 다르지만 자신이 하고 싶은 일, 더 많은 소득을 위해, 시간적 자유를 누리기 위해 등 더 나은 삶을 위해서라고 생각한다. 그렇다고 절대 일을 대충 하거나 소홀히 하라는 것이 아니다. 기존 업무를 효율적으로 해서 자신의 시간을 늘리라는 것이다. 그렇게 성장하고, 수익 흐름을 하나씩 늘려 목표를 이뤘으면 좋겠다.

최근 대학생, 주부, 창업이 하고 싶은 직장인, 퇴직을 앞둔 창업자 분들에게는 '디지털 노마드'에 대한 관심이 높아지고 있다. 나 역시 디지털 노마드로 생활한다. 많은 사람들이 디지털 노마드는 '놀면서 일한다'라고 오해하는 경우가 많다. 무작정 따라 하고 싶은데 잘못된 생각을 가지고 디지털 노마드가 된다면 스트레스만 받고, 망하게 된다.

'디지털 노마드'는 노트북과 인터넷만 있으면 전 세계를 여행하며 일할 수 있다. 하지만 돈을 쉽게 버는 일은 찾기 어렵다. 일은 제대로 하고 남은 시간에 여행하고 즐겨야 하는데 일부 사람들은 여행을 주목적으로 생각하여 스트레스를 많이 받기도 한다. 그렇기 때문에 디지털 노마드라는 콘셉트로 많은 마케터들이 자극적인 콘텐츠를 온라인상에 올려 유혹한다. 많은 사람들이 댓글을 달며 관심을 보이고 유료교육을 받는 경우를 많이 보았는데, 나는 그중 자신의 투자금액에 반 이상을 회수한 사람을 찾기 어려웠다. 초반에는 모두 열정이 있지만, 결국 현실의 벽 앞에 무너지기 때문이다. 그 방법은 수년 전에 먹혔었고 요즘은 책, 유튜브 동영상도 많으며, 경쟁자가 더 늘어났다.

광고비를 많이 투자해야 하는 상황도 생긴다. 업무 역시 많은 사람들이 꿈꾸는 일이 아닌 단순 막노동을 하는 경우가 많아 흥미도 떨어지고 큰 수익을 얻지 못하고 포기하게 된다. 그들이 원하던 창업은 그런 것이 아니었기 때문이다. 물론 이러한 창업에 도전하거나 교육하는 분들이 나쁘다는 것이 아니다. 하지만 사람들이 디지털 노마드를 쉽게 생각하고, 자기 사업만의 차별성 없이, 놀면서 돈을 벌 수 있다는 환상에 빠져 금세 포기하는 것이 안타깝다. 쉽게 돈을 버는 일은 없다. 무슨 일이든 시작하려면 피나는 노력을 할 각오를 하고 시작해야 한다.

최근 디지털 노마드가 되는 방법 등 자극적인 내용으로 자신의 교육으로 끌어들이는 사람들이 많다. 하지만 실제 유료강의나 E북을 통해 배우고 후회하는 경우를 많이 봤다. 그들은 자극적인 콘텐츠인 수익인증이나, 람보르기니, 페라리 등의 고급외제차를 타는 자신의 모습을 보여주며 누구나 자신처럼 될 수 있다고 한다. 하지만 대부분 사람들은 창업해서 성공하기로 마음먹더라도 사실 그 정도까지 바라지는 않을 것이다. 나와 같은 대학생들부터 일반 성인들은 대부분 저렴한 자동차나 중고차를 가지는 것만으로도 행복해하기 때문이다.

우리가 진정 원하는 건 작더라도 새로운 수익 흐름이 생기고, 자기 일에 자부심을 가지고, 재미를 느끼고, 워라밸을 유지하며, 지속할 수 있어야 한다. 하지만 많은 사람들은 부자가 되고 싶다는 환상에 빠져, 명품, 스포츠카 등 자극적인 내용에만 관심을 둔다. 나도 물론 명품, 스포츠카가 있으면 좋아할 것이다. 하지만 아직 대학생이고 젊은 나에게는 지금처럼 밥 잘 먹고, 여행을 갈 수 있고, 사고싶은 것을 사고, 저렴한 자동차나, 중고차를 가질 수 있다는 사실만으로도 너무나 행복하고 지금 삶에 감사함을 느낀다.

디지털 노마드는 다양한 직업의 사람들이라면 누구나 될 수 있다. 다만 명심해야 할 점은 기존처럼 열심히 일하지만 장소에 상관없이 일하는 것으로 일은 계속해야 한다. 물론 돈이 많은 사람들은 돈으로 돈을 버는 방법으로 놀면서도 돈을 벌 수 있을 것이다. 하지만 이것은 매우 소수이다. 나와 같은 평범한 대학생 창업가를 포함하여 많은 디지털 노마드는 해야 할 일은 부지런히 하면서 여행을 즐길 줄 알아야 한다. 만약 여행하면서 일만 한다고 스트레스를 받는다면 굳이 억지로 디지털 노마드가 될 필요가 없다. 집이나 사무실, 도서관, 공유 오피스, 스터디 카페 등에서 일하면 된다.

여행하면서 일하는 것은 누군가에게 도움이 되고 행복할 수 있지만, 누군가에게는 어렵고, 부담될 수 있다. 예를 들어 책을 쓰는 작가를 생각해보자. 나는 책을 쓰려면 여러 지식이 필요하므로, 집에서 원고를 쓰면 답답하고, 글이 써지지 않았다. 그래서 독서량을 늘리고, 여행도 다니고, 사람들도 많이 만나고, 인터넷 뉴스기사, 드라마와 영화를 많이 봤다. 이렇게 해야 두뇌 회전도 더 잘되고, 글을 써야 할 의지, 사례, 참고자료 등이 떠올라서 조금 더 재미있고, 유익하게 책을 쓸 수 있었다.

인터넷에 나오는 디지털 노마드는 바닷가에서 우아하게 수영하고, 해변에 앉아 노트북으로 일하고 여행하며, 아무 고민 없이 살 것 같았다. 하지만 나는 디지털 노마드로 생활하면서 혼자 일본여행을 갔을 때 스트레스를 받은 적이 있다. 여행을 가기 위해 비행기 표를 미리 예매했으나, 하필 그 기간에 업무량이 많았다. 공항 라운지에서도 시간을 내서 일하다 겨우 비행기를 탔고, 일본에 도착해서도 늦은 밤까지 느린 인터넷을 붙잡고 일했었다. 그 당시에는 여행을 많이 못 즐긴 것이 아쉬움으로 남아 스트레스를 받은 것 같다.

하지만 지금 되돌아보면 재밌게 즐기다 왔고, 후회는 없다. 처음부터 내가 마음먹었을 때 일이 우선시 되었으면, 아무렇지 않았을 것이기 때문이다. 인터넷에는 디지털 노마드의 일하는 모습보다는 여행하는 모습, 노는 모습을 더 많이 볼 수 있다. 하지만 결코 그들도 열심히 일한다는 것을 잊지 말아야 한다.

디지털 노마드가 되어 여행하면서 일을 하고 싶은 대학생 창업가들에게 해주고 싶은 이야기가 있다. 어떤 창업을 시작할 때 일 자체에 매력과 만족감을 느껴서 하고 싶은 것인지, 아니면 스포츠카를 타고 여행하면서 원하는 라이프 스타일로 변화할 수 있다는 생각 때문에 창업하고 싶은 것인지 고민해봐야 한다.

어찌 되었든 자신이 하고 싶은 창업을 해야, 지속적으로 더 잘할 수 있고, 장기적으로 도움이 되기 때문이다. 쉬운 일은 없다. 다른 사람에게 노하우는 배우되 결국 자신의 것으로 만들 줄 알아야 하고 끈기 있게 해야 한다. 단순하게 남들을 따라 하기만 해서는 절대 성공할 수 없다. 정말 잠을 잘 때도, 여행하면서도 돈을 벌고 싶다면 자신이 진정으로 하고 싶은 일을 시작하기 바란다.

사업을 시작하려는 대학생 사장님과 많은 예비창업자에게는 사업계획서는 한 번이라도 꼭 작성해봐야 할 중요한 문서이다. 사업을 시작하는 데 있어 자신의 아이디어에 대해 객관적인 입장에서 많은 장단점과 매력을 검토할 수 있어 많은 시간과 비용을 줄여주기 때문이다. 또 사업계획서는 이해관계자들에게 보여줘야 하는 상황이 자주 발생한다. 예를 들어 투자를 통해 자금조달을 하려고 하거나, 정부지원사업 또는 여러 기관에서 지원받거나, 대출받을 때에도 도움이 된다. 신규 사업을 시작하기 전 인허가를 받기 위해 쓰이기도 한다.

이 책에서는 작성방법과 같은 이론이 아닌 사업계획서가 왜 필요하고, 도움이 되는지, 나만의 작성 노하우를 알려주고자 한다. 보통 경영학과 학생이라면 이론적으로 수업 중에 배웠을 수도 있지만 다른 전공을 배우는 학생들은 사업계획서가 어렵게만 느껴질 것이다. 하지만 많은 교육 기관에서 단기간 교육할 만큼 생각보다 쉽고 많은 학생들이 잘해내고 있으니 겁먹을 필요가 없다. 나도 대학교 2학년이 되어서 수업시간에 배운 내용을 바탕으로 작은 공모전부터 큰 지원사업까지 도전하면서 노하우가 생겼고 성과를 얻었다. 전체적으로 문항을 보면 어려워 보이지만, 하나씩 채워나가면 어느새 사업계획서가 완성되는 짜릿함을 느낄 것이다.

학생들이 창업하는 것을 직접 보고 같이 경쟁하면서 내가 느낀 점은 정말 좋은 아이디어와 열정을 가지고 있지만, 어떻게 해야 성공하는지, 어떻게 해야 다른 사람들이 자신의 사업계획서에 관심을 가지는지 모르는 학생들이 많았다. 책이나 인터넷을 보고 사업계획서를 작성했다가 당연히 서류평가에서 탈락만 하다가 졸업하는 상황도 발생한다. 하지만 심사위원들이 좋아하는 사업계획서는 따로 있다. 누구나 이 책에 있는 노하우와 자신만의 매력을 더해서 많은 사람들에게 인정받는 사업계획서를 작성하는 사장님이 되었으면 좋겠다.

지피지기백전불태(知彼知己百戰不殆)

: 상대를 알고 나를 알면 백 번 싸워도 위태롭지 않다는 뜻
으로, 상대편과 나의 약점과 강점을 충분히 알고 승산이
있을 때 싸움에 임하면 이길 수 있다는 말[4]

대부분의 대학생 창업가는 경영자원의 부족함을 느낀다. 그래서
자금조달, 공간, 교육 등 자원을 얻기 위해 공모전, 지원사업에 도전
한다. 교수님, 다른 학생들과 함께 또는 혼자서 힘들게 사업계획서
를 작성한다. 하지만 열심히 작성한 사업계획서가 계속해서 서류평
가에서 탈락한다면 기분이 어떨까? 끝내 1인 기업, 창업팀 모두 힘
이 빠지기 때문에 포기하게 될 것이다. 보통 사업계획서를 쓸 때 적
게는 몇 시간에서 며칠이 소요되며 많은 시간과 노력이 필요하기
때문이다.

하지만 '지피지기백전불태'라고 자신의 사업계획서를 읽어줄 상
대방을 생각하면서 작성하면 상황은 달라진다. 예를 들어 내가 본
심사위원 중에는 젊어 보이는 분들도 소수 있었지만 대부분은 50대

---

4. 출처 : 두산백과

이상인 분들이 많았다. 그래서 보통 작성할 때 50대 이상의 어른들이 보기 쉽게 작성하는 편이며, 시작부터 최대한 흥미를 유발하는 제목을 작성한다. 지금까지 여러 공모전, 지원사업에서 서류통과 만큼은 자신이 있는 편이었다. 가끔은 이렇게 써도 되나 싶을 정도로 작성했지만 서류평가만큼은 불합격보다 합격한 적이 훨씬 많았다.

사람을 만났을 때 첫인상이 중요하다고 한다. 몇 초밖에 안 되는 짧은 시간으로 그 사람에 대해 예상하며 평가한다. 사업계획서도 마찬가지다. 우리가 밥을 먹을 때 자신이 좋아하는 음식에 더 손이 가는 것처럼 사업계획서를 보는 심사위원 역시 자신의 감정이 생길 수밖에 없다. 심사위원들은 실제 서류평가 시 많은 문서를 처리해야 해서 우리가 작성한 시간만큼 관심 있게 보지 않는 경우가 많다. 처음부터 흥미를 유발해서 심사위원들이 궁금하게 만들어야 한다.

나는 제목을 매우 중요하게 여기며 적었다. 짧게는 한 줄, 길게는 짧은 설명을 포함해서 총 2줄 정도로 작성하였고, 최근 유망한 산업과 연결해서 최대한 작성했다. 예를 들어 빅데이터, 가상현실, 증강현실, 인공지능, 사물인터넷, 블록체인 등의 키워드가 될 수 있다. 누구나 짧은 문장으로 유망산업과 자신이 하고 싶은 사업이 무엇인지 이해시킬 수 있는 제목으로 심사위원들의 관심을 받기 바란다.

심사위원이 대부분 교수님과 연령대가 비슷한 분들이라는 것을 알게 되었다. 돋보기를 쓰지 않아도 비교적 쉽게 읽을 수 있는 글씨체와 크기를 선택해서 최대한 읽기 편하게 사업계획서를 작성했다. 글자가 많으면 가독성이 떨어질 것 같아서 그림, 도표, 신문기사 등을 활용하여 조금 더 쉽게 이해할 수 있게 작성했다. 그렇다고 그림을 억지로 늘리는 행위는 오히려 반감을 줄 수 있으니 주의해야 한다.

심사위원은 시간이 부족하지만, 많은 서류를 검토해야 한다. 내가 꼭 강조하고 싶은 부분은 강조하여 단 한 줄이라도 더 읽어주기를 바랐다. 한 줄이 매력 있으면 몇 줄은 더 읽어줄 것이라고 생각했기 때문이다. 그래서 글씨 색에 변화를 주었고, 밑줄도 사용했다. 이전에는 심사위원이 출력된 종이를 모아찍기로 평가하는 일도 많았다고 하는데 최근에는 전자문서형태로 보는 것이 확산되어 글씨 색상을 변경하는 것이 효과가 좋다.

사업계획서 작성요령에 관해서는 이미 많은 곳에 정보가 나온다. 하지만 최근에 대학생 창업가가 직접 겪은 자신들만의 사업계획서 작성 노하우를 공유하는 것은 찾기 어렵다고 생각한다. 사업계획서는 다른 사람들에게 보여주기 위한 역할 이외에도 필요한 경우가 있다. 나는 지금도 사업의 성장 속도가 느려졌다고 생각하면, 나만 볼 수 있는 사업계획서를 작성해보기도 한다. 혼자 피드백하여 나의 사업방향을 수정하며 성장하고 있다. 많은 대학생 창업가가 사업계획서 작성을 어렵게 생각한다. 막상 해보면 누구나 작성할 수 있다는 것을 잊지 말고 시작해보기 바란다.

어느 병원에서 임종을 앞둔 100명의 사람에게 인생에 있어 후회하는 것이 무엇이냐 물었다. 대부분은 '무엇을 했는가'가 아니라, 그들이 하지 않은 것들을 후회했다고 한다. 그것은 목표에 대한 도전, 창업, 여행, 운동, 자기계발 등 다양할 것이다. 하지만 위 내용을 우리가 안다고 해도 사람들은 지금처럼 똑같이 반복된 삶을 살 것이다. 우리는 영화를 볼 때 어느 주인공이 답답하게 행동하거나, 평범하게 살면 재미가 없다고 화를 낸 적이 있지 않은가? 하지만 이 영화의 주인공이 자기 자신이라면 어떻게 해서든 합리화해서 자신을 보호하려고 할 것이다.

많은 사람들이 창업에 대한 생각을 회사에 다니면서 하게 된다고 한다. 회사에 다니던 30대부터 60대까지 다양한 연령에서 창업을 시작하는 것을 쉽게 볼 수 있다. 하지만 많은 대학생들은 지금도 남의 사업 안에서 기계처럼 일하는 부속품이 되어 엑스트라의 삶을 살기 위해 그것이 성공이라며 노력한다. 자기 인생의 감독이자, 주인공은 바로 자기 자신인데 말이다.

인생의 주인공이지만 결국 두려움에 남들과 똑같이 행동하며 후회를 반복한다. 그렇게 후회하지 않으려면 변해야 하는데 말이다. 여러분이 미래에 후회하지 않게 창업을 시작했으면 좋겠다. 물론 이 책에서 계속 강조한 것처럼 작게 시작해서 점차 성장하는 창업을 시작한다면 누구나 인생의 주인공으로 자신의 사업을 하는 사장님이 되어있을 것이다. 이것에 대한 비용은 0원에서부터 수십만 원, 수백만 원으로 시작이 가능하다. 지금부터 자신의 영화를 멋지게 제작하기 바란다.

대학생 창업이 성공하기 위해서는 자기 자신에게도 투자할 줄 알아야 한다. 물론 나처럼 대학생이라면 대부분 경제적 여유가 별로 없다. 하지만 일정 기간 열심히 일하다 보면 여윳돈이 조금씩 생길 것이다.

나는 어렸을 때부터 용돈이 많지 않아서인지, 생활력이 강한 편이다. 돈을 쓸 때는 쓰지만, 아낄 때는 조금씩 독하게 절약한다. 하지만 내가 유일하게 돈을 많이 쓰는 분야는 바로 다른 사업의 세미나 및 유료강의다. 특히 다른 사람들이 어떻게 창업하고, 성장하는지 궁금했다. 주말이나 평일 저녁을 이용하여 유료강의를 수강하러 다녔는데 작게는 1~3만 원, 비싸면 수십~수백만 원의 수업이었다. 하지만 이렇게 강연도 들으면서 성공한 사람들을 보는 것은 나에게 동기부여도 주지만, 사업에도 적용해서 돈을 더 벌어다 줄 수 있는 도움 되는 정보가 많았다. 나의 창업을 유지하면서도 추가로 할 수 있는 아이템이기 때문에 투자한 만큼 이후에 회수만 된다면 나에게는 굉장한 이득이라 생각했다. 다만 이러한 유료교육을 무작정 듣지 않았다. 사전에 관련 책이나 유튜브 동영상을 참고했다.

모든 것에는 100% 신뢰하면 안 된다. 유튜브나 책에도 많은 사람들의 의견이 다르기 때문에 긍정적, 부정적인 의견을 대략 파악만 하려고 했다. 이후 강연을 들으면 더 도움이 되었다. 이렇게 나 자신에게 투자한 것은 인생의 주인공은 바로 나 자신이고 아직 20대로 젊기 때문이다. 지금 돈을 많이 벌고 써봤자 시간이 지나면 가치는 줄어들고 속도가 느려진다. 하지만 점차 내 가치가 올라가고 수익흐름이 늘어난다면 몇 년 후에는 내가 투자한 금액의 몇 배는 더 생기기 때문에 나 자신에게 투자를 아끼지 않았다.

여러분이 창업을 시작하든, 이 책을 참고만 하고 다시 취업준비, 공무원 준비를 하더라도 누구도 당신을 비난할 수 없다. 인생의 정답은 하나가 아니다. 결국 어떤 선택이든지 책임은 본인에게 있기 때문이다. 다른 사람들이 자신의 말이 맞는 것처럼 이야기할지라도, 결국 본인 마음 가는 대로 행동하면 된다.

다시 말하지만 내가 다른 사람들의 말을 신경 썼다면, 주말에는 아르바이트하고 평일에는 학교공부, 자기소개서, 면접준비, 어학 점수를 올리느라 시간과 돈을 투자하며 우울해하고 있었을 것이다. 하지만 지금 내 모습은 어떤가? 수천 명의 고객들이 있고, 새로 시작한 슈타쿠 역시 점차 성장하고 있다. 평생 경험해보지 못할 앱 개발로 밤새 회의를 하기도 했다. 그리고 내 또래 대학생들 앞에서 강연도 하고, 책을 쓰게 되었다. 내가 이 모든 것을 처음 시작할 때 과장이 아니라 모두가 비웃었지만 결과로 보여주니 인정해주었다.

이렇게 자신은 해보지도 않고 비난만 하는 이들은 다시 집으로 돌아가 새벽에 일어나서 저녁까지 일하고 스트레스를 받는 삶을 반복한다. 다른 사람의 의견을 참고하는 건 좋지만 그 말만 듣는다면 당신은 누군가의 엑스트라인 삶을 살게 될 것이다. 시간이 지난 후 퇴사를 고민하며, 그때 그 시절을 후회할 것이다.

누군가는 말한다. '남들처럼 평범하게 살고 싶다.' 내가 짧지만 살면서 느낀 점은 남들처럼 평범하게 사는 것조차 어렵다는 것이다. 나는 다른 학생들처럼 사는 게 정답이라고 생각했다. 열심히 공부하고, 졸업을 위한 어학공부, 자격증, 스펙, 공모전, 해외연수 등을 준비했다. 하지만 내가 원하던 곳에 취업하더라도 내 삶에 만족하지 못하고 힘들다는 것을 드라마나 영화, 다른 사람들의 이야기를 통해 접하고, 취업해야 할 이유가 사라지게 되었다.

자연스럽게 어렸을 때 꿈꾸던 나의 삶과는 멀어졌다. 하지만 인생의 주인공이 나라고 생각한 순간 모든 것이 달라졌다. 내가 생각한 아이디어와 아이템으로 직접 돈을 벌어보면서 다시 굳어진 뇌가 움직이기 시작했다. 매일 밤 잠들기 전 '내일이 오지 않았으면 좋겠다'에서 '내일이 설레는 삶'을 생각하며 살아간다. 지금 여러분 삶의 감독이자 주인공은 누구인가?